古抄本群書治要二種

金澤文庫本

群書治要

圖版

五

〔唐〕魏徵 等撰 江曦 校理 潘銘基 解題

本冊目録

群書治要卷第二十八……一八七七

群書治要卷第二十九……一九四七

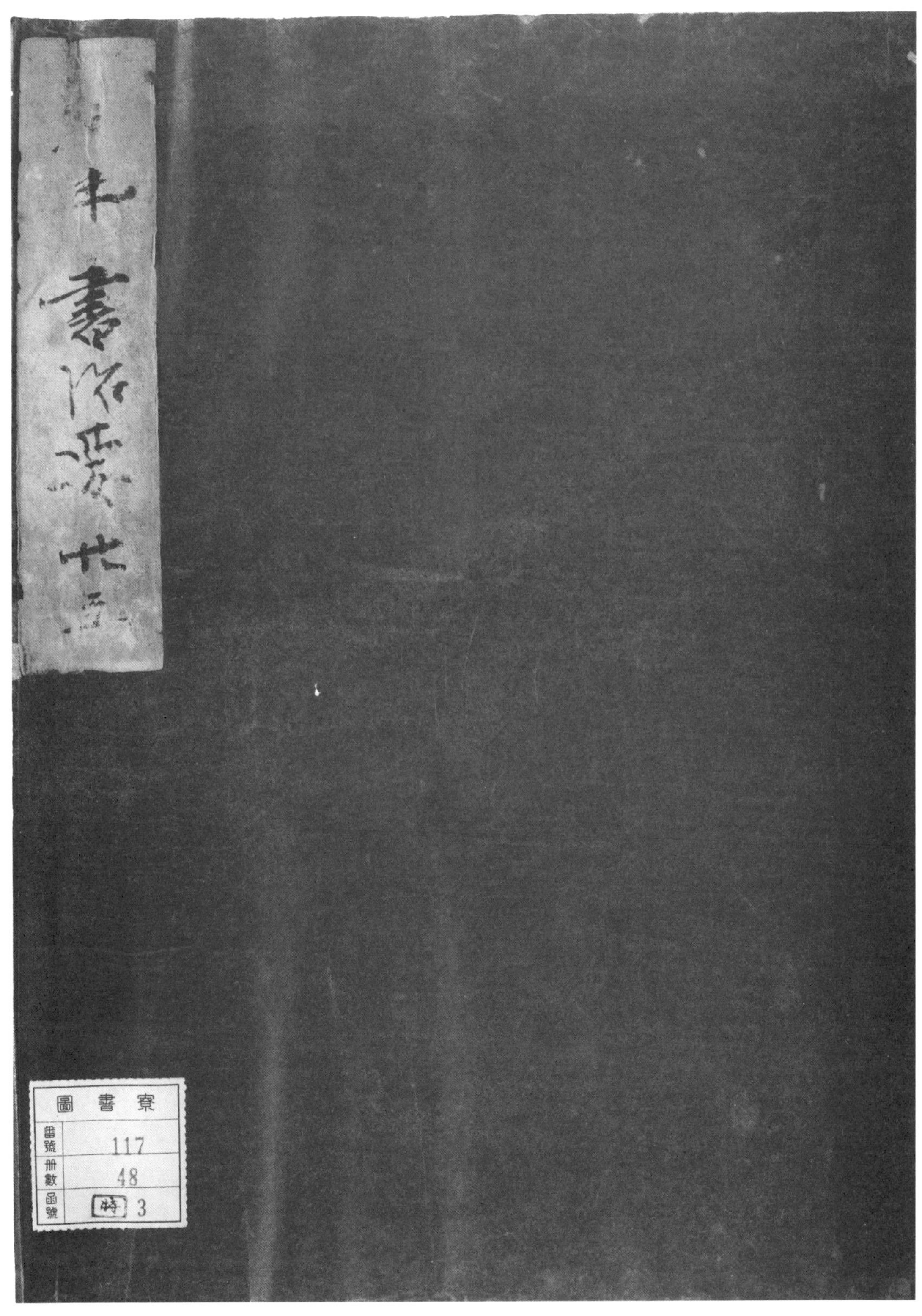
圖書寮
番號 117
冊數 48
函號 特 3

群書治要卷第廿五　秘書監鉅鹿男臣魏徵等奉　勅撰

魏志上　紀傳

太祖武皇帝沛國人姓曹諱操字孟德

建安四年袁紹將攻許公進軍黎陽紹

衆大潰公收紹書中得許下及軍中人

書皆焚之　魏氏春秋曰公云當紹之孤强猶不能自保而况人乎

七年令曰吾起義兵為天下除暴乱舊

土人民死喪略盡國中終日行不見所

出人民死喪略盡國中終日行不見所
識使吾悽愴傷懷其舉義兵已来將士
絶無後者求其親戚以後之授上田官
給耕牛置學師教之爲立廟使礼其先
人魂而有靈吾百年之後亦何恨哉十
二年令曰吾起義兵誅暴乱於今十九
年所征必尅豈吾功也乃賢士大夫之
力也天下雖未悉定吾要當與賢士大
夫共定之而專饗其勞吾何以安焉其

【第二紙】

夫共定之而專饗其勞吾何以安焉其
促定功行封於是大封功臣廿餘人皆
爲列侯其餘各以次受封及復死事之
孤輕重各有差十九年安定太兵興將
之官公戒之曰羌胡欲與中國通自當
遣人來慎勿遣人往也善人難得必將
教羌胡妄有所請求因欲以自利不從
便爲失異俗意從之則爲事興至遣校
尉范陵至羌中陵果教羌使自請爲屬

尉范陵至羌中陵果敎羌使自請爲屬
國都尉公曰吾豫知當尓非聖人也但
更事多耳廿五年魏書曰太祖自統御海内芟夷群醜御軍
卅餘年手不舍書晝則講武策夜則思經傳雅性節儉不好華麗後宮不衣錦
繡侍御履不二采帷帳屏風壞則補納茵蓐取溫無有緣飾攻城抜邑得靡麗
之物則悉以賜有功勲勞宜賞不恡千金無功望施分豪不與四方獻御與群
下共之也
文皇帝諱丕字子桓武帝太子也黄初
二年詔以議郎孔羨爲宗聖侯奉孔子

【第三紙】

二年詔以議郎孔羨爲宗聖侯奉孔子
祀令魯郡脩起舊廟置百戶吏卒以守
衛之日有蝕之有司奏免太尉詔曰災
異之作〻以譴元首歸過股肱豈禹湯
罪己之義乎其令百官各虔厥職後有
天地之眚勿復劾三公三年表首陽山
東爲壽陵作終制曰禮國君即位爲椑
存不忘也封樹之制非上古也吾無取
焉壽陵曰山爲體無封樹無立寢殿造

焉壽陵曰山爲體無封樹無立寢殿造
園邑通神道夫葬者藏也欲人之不得
見也骨無痛癢之知冢非栖神之宅禮
不墓祭欲存亡之不黷也爲棺槨足以
朽骨衣衾足以朽肉而已故吾營此
丘墟不食之地欲使易代之後不知其
處无施葦炭無藏金銀銅鐵一以瓦器
令古塗車蒭靈之義飯唅無以珠玉無
施珠襦玉匣諸愚俗所爲也季孫以璵

施珠襦玉柙諸愚俗所為也季孫以璵
璠斂孔子譬之暴骸中原宋公厚葬君
子謂華元樂莒不臣漢文帝之不發霸
陵無求也光武之掘原陵封樹也霸陵
之完功在釋之原陵之掘罪在明帝是
精之忠以利君明帝愛以害親也忠臣
孝子宜思仲尼明釋之之言鑒華元樂
莒明帝之戒存於所以安君定親使魂
靈萬載無危斯則賢聖之忠孝矣自古

【第四紙】

靈萬載無危斯則賢聖之忠孝矣自古
及今未有不亡之國是無不掘之墓喪
乱以来漢氏諸陵無不發掘至乃燒取
玉柙金縷骸骨并盡豈不重痛哉其皇
后及貴人以下不隨王之國者有終殁
皆葬澗西魂而有靈無不之也一澗之
間不足為遠若違詔妄有所變改造施
吾為戮死地下死而重死臣子為蔑死
君父不忠不孝其以此詔藏之宗廟副

君父不忠不孝其以此詔藏之宗廟副
在尚書秘書三府
五年春詔曰先王制禮所以昭孝事祖
太則郊社其次宗廟三神五行名山川
澤非此族也不在祀典叔世衰乱崇信
巫史至乃宮殿之内戸牖之間無不沃
酹甚矣其惑也自今其敢設非禮之祭
巫祝之言皆以執左道論
明皇帝諱叡字元仲文帝太子也青龍

【第五紙】

明皇帝諱叡字元仲文帝太子也青龍
元年祀故大將軍夏侯惇等於太祖廟
庭魏書載詔曰昔先王之於功臣存則
顯其爵祿没則祭于大烝故漢武功
臣祀於廟庭大魏元功之臣功勳優著
終始休明者其皆依禮祀之於是以惇
等配
享也

三年魏略曰是年起太極諸殿築揔章
觀又於芳林園中起波池楫櫂越
歌又於列殿之北立八坊諸才人以下
次序處其中其秩名擬百官之數使博
士馬鈞作水轉百戲魚龍蔓延備如漢
西京之制築閶闔諸門闕外罘罳太
子舍人張茂以呉蜀數動諸將出征而
帝盛興宮室留意於翫飾賜與无節

【第五紙】

79

罘罳　音思外屏也臣入請事於此重思之慮崔豹古今注ヽヽ復思也臣來朝君行至門屏外應思惟故曰ヽヽ今案漢書未央東闕ヽヽ災是也注云其形ヽヽ然故爲名耳

子舍人張茂以吳蜀數動諸將出征而帝盛興宮室留意於翫飾賜與无節藏空竭又錄奪士女前已嫁爲吏民妻者還以配士既聽以生口自贖又簡選内之掖庭乃上書諫曰臣伏見詔書諸士女嫁非士者一切錄奪以配戰士斯誠權時之宜然非大化之善者也臣請論之陛下天子之子百姓吏民亦陛下之子也今奪彼以與此亦无以異於奪兄之妻妻弟也於父母之恩偏矣又詔書聽得以生口代故富者則傾家盡産貧者舉假貸貰貴買生口以贖其妻縣官以配士爲名而實之掖庭其醜惡者乃出與士得婦者未必有歡心而失妻者必有憂色或窮或愁皆不得志夫君有天下而不得萬姓之歡心者鮮不危殆且軍師在外數十万人一日之費非徒千金舉天下之賦以奉此役猶將不

治且軍師在外數十万人一日之費非徒千金舉天下之賦以奉此役猶將不給況復有宮庭非員无錄之女椒房母后之家賞賜横與其費半軍昔漢武帝好神仙信方枝掘地為海封土為瀨是時天下為一莫敢與爭者耳自衰乱以來四五十載馬不舍鞍士不釋甲每一交戰血流丹野瘡痍號痛之聲于今未已猶有彊寇在疆圖危魏室陛下當兢々業々念崇儉約思所以安天下者而乃奢靡是務中尚方純作玩弄之物炫燿後園建承露之槃斯誠使耳目之觀然亦足以騁讎之心矣惜乎舍堯舜之節儉而為漢武之侈事臣竊為陛下不取也願陛下霈然下詔事无益而有損者悉除去之所以除之費厚賜將士父毋妻子之飢寒者問民所疾而除其惡實倉廩繕甲兵恪恭以臨天下如是吳

【第六紙】

毋妻子之飢寒者問民所疾而除其惡
實倉廩繕甲兵恪恭以臨天下如是吳
賊面縛蜀虜輿櫬不待誅而自服奉平
之路可計日而待也臣年五十常恐至
死无以報國是以投軀沒命冒昧以聞
陛下裁察書通上顧左右曰張茂恃鄉
里故也事付散
騎而已之也

景初元年

魏略曰是歲徙長安諸鍾簴
駱駝銅人承露盤折銅人重
不可致留于霸城大發銅鑄銅人二号
曰翁仲列坐於司馬門外又鑄黃龍鳳
皇各一置內殿前起土山於芳林園使
公卿群寮負土公成樹松竹雜木善草
於其上捕山禽雜獸置其中魏書諫曰
臣聞古之直士盡言於國不避死亡故
周昌比高祖於桀紂劉輔避趙后於人婢
天生忠直雖白刃沸湯往而不顧者誠

周昌比高祖於桀紂輔避趙后於人婢天生忠直雖白刃沸湯往而不顧者誠爲特主愛惜天下也若今之宮室狹小當廣大之猶宜隨時不妨農務況乃作无益之物黄龍鳳皇九龍承露土山淵池其功三倍於殿舍三公九卿侍中尚書天下至德皆智非道而不敢言者以陛下春秋方剛心畏雷霆今陛下既尊群臣顯以冠冕被以文繡載以華輿所以畏於小人而使穿方舉土面目垢墨沾體塗足衣冠了鳥毀國之光以崇无益甚非謂也孔子曰君使臣以礼臣事君以忠无礼无忠國何以立故有君不君臣不臣上下不通心懷鬱結使陰陽不和灾害屢降凶惡之徒因聞而起誰當陛下盡言是者乎又誰當陛下盡言是者乎又誰當千万乘以死爲戲乎臣知言出必死而自比於牛之一毛生既无

【第七紙】

者辛又雖當千万衆以死爲戯辛臣知
言出必死而自比於牛之一毛生既无
益死亦何損發筆流涕心與世乱既通
帝曰董尋不畏死耶主者奏收尋有詔
勿問
之也

齊王芳字蘭卿正始八年尚書何晏奏
曰善爲國者必先治々其々身々者慎
其所々習々正則其身正則不令而行
所習不正則雖令不從是故爲人君者
所與遊必擇正人所觀覽必察正象於
鄭聲而弗聽遠佞人而弗近然後邪心

鄭聲而弗聽遠佞人而弗近然後邪心
不生而正道可弘也季末闇主不知損
益斥遠君子引近小人忠良踈容便辟
褻狎亂生近暱辟之社鼠考其昏明所
積以然故聖賢諄〻以爲至慮舜戒禹
曰鄰〻哉〻言慎所近也周公戒成王
曰其〻明〻言慎所與也書云一人有
慶兆民賴之可自今以後御幸式乾殿
及遊豫園皆大臣侍從因從容戲宴並

及遊豫園皆大臣侍從因從容戲宴並
省文書詢謀政事講論經籍爲萬世法
袁紹字本初汝南人也領冀州牧轉爲
大將軍出長子譚爲青州沮授諫紹必
爲禍始紹不聽 九州春秋載授諫曰世稱一兎走万人逐之一人
獲之貪者悉止分定故也且年均以賢德均則長上古之制也上推先代成敗
之戒下思逐兎分定之義紹曰孤欲令四兒各據一州以觀其能出曰禍其始
此乎之也
紹進軍黎陽太祖擊破之初紹之南也

【第八紙】

紹進軍黎陽太祖擊破之初紹之南也田豐說紹曰曹公善用兵變化无方衆雖少未可輕也不如以久持之將軍據山河之固擁四州之衆外結英雄內脩農戰然後簡其精銳分爲奇兵乘虛迭出以擾河南救右則擊其左救左則擊其右使敵疲於奔命民不得安業我未勞而彼以困不及二年可坐克也今釋廟勝之策而決成敗於一戰若不如志

廟勝之策而決成敗於一戰若不如志悔无及也紹不從豐邇諫紹怒以爲沮衆擊之紹軍既敗或謂豐曰君必見重豐曰君必見重豐曰若軍有利吾必全今軍敗吾其死矣紹還曰吾不用田豐言果爲所咲遂殺之

后妃傳

易稱男正位于外女正位于内男女正天地之義也古先哲王莫不明后妃之制順天地之德故二妃嬪嬀虞道

【第九紙】

妃之制順天地之德故二妃嬪嬀虞道
克隆妊姒配姫周室用熙廢興存亡恒
此之由春秋說云天子十二女諸侯九
女考之情理不易之典也而末世奢縱
肆其侈欲至使男女怨曠感動和氣唯
色是崇不本淑懿故風教陵遲而大綱
毀泯豈不惜哉嗚呼有國有家者其以
永鑒矣
武宣卞皇后琅耶人文帝母也黄初中

武宣卞皇后琅耶人文帝母也黄初中
文帝欲追封大后父母尚書陳群奏曰
陛下應運受命創業革制當永爲後式
案典籍之文无婦人列士命爵之制在
礼典婦因夫爵秦違古制漢我因之非
先王之令典也帝曰此議是也其勿施
行以著令詔下藏之臺閣永爲後式
文德郭皇后廣宋人也黄初三年將登
后位中郎棧潜上疏曰在昔帝王之有

后位中郎棧潜上疏曰在昔帝王之有
天下不唯外輔亦有内助治乱所由盛
衰從之故西陵配黄英娥降嬀並以賢
明流芳上世桀奔南巢禍階末嬉紂以
炮烙怡悦妲己是以聖哲慎立元妃必
取先代世族之家擇其令淑以統六
宮虔奉宗廟陰教聿脩易曰家道正天
下定由及外先王之令典也春秋書宗
人釁夏父曰無以妾爲夫人之礼齊桓

【第十紙】

人釁夏父已無以妾為夫人之礼齊桓

誓命于葵丘亦曰無以妾為妻今後宮

嬖寵常亞乘輿若因愛登后使賤人暴

貴臣恐後世下陵上替開長非度乱自

上起也文帝不從傳

夏侯尚字伯仁子玄字太初少知名累

遷散騎常侍中護軍司馬景王問以時

事玄議以為夫官才用人國之柄也故

銓衡專於臺閣上之分也孝行在乎閭

銓衡專於臺閣上之分也孝行在乎閭

巷優劣任之鄉人下之叙也夫欲清敎

審選在明其分叙不使相涉而已何者

上過其分則恐所由之不本而干勢馳

騖之路開下踰其叙則恐天爵之外通

而機權之多門夫天下爵通是庶人議

柄也機權多門是紛乱之源也自州郡

中正品度官才之来有年載矣緬ゝ紛

ゝ未聞整齊豈非分叙参錯各失其要

【第十一紙】

〻未聞整齊豈非分叙參錯各失其要
之所由哉若令中正但考行論輩〻尚
行均斯可矣何者夫孝行著於家門豈
不忠恪於在官乎仁恕稱於九族豈不
達於爲政乎義斷行於鄉黨豈不堪於
事任乎三者之類取於中正雖不處其
官名斯任官可加矣行有太小比有高
下則所任之次亦渙然別矣必使中正
干銓衡之機於下而執機柄者有所委

于銓衡之機於下而執機柄者有所委杖於上〻下交侵以生紛錯哉且臺閣臨下考功校否衆職之屬各有官長旦夕相考莫核於此閭閻之議以意裁處而使匠宰失位衆人驅駭欲風俗清靜其可得乎天臺縣遠衆所絶意所得至者更在側近孰不脩飾以要所〻求〻有路則脩己家門者不如自達於鄉黨矣自達於鄉黨者不如自求於州邦矣

矣自達於鄉黨者不如自求於州郡矣
苟開之有路而患其飾真離本雖復嚴
責中正督以刑罰猶無益也豈若使各
值其分官長則各以其屬能否獻之臺
〻閣〻則據官能否之第參以鄉閭德
行次之擬其倫比勿使偏頗中唯考行
迹別其高下審定輩類勿使升降臺閣
總之官所第中正所輩擬比隨次率而
用之如其不稱責負在外然則內外相

【第十二紙】

用之如其不稱責負在外然則内外相
參得失有所平相刑相撿孰能相飾斯
人心定而理得庶可以靜風俗而審官
才矣
荀彧字文若潁川人也爲侍中尚書令
彧別傳曰彧德行周備非正道不用心
名重天下莫不以爲儀表海内莫儁咸
宋爲前後所舉佐命大才則荀攸鍾繇
陳群司馬宣王及引致當世知名郗慮
華歆王朗荀悅杜襲辛毗趙儼之儔終
爲卿相以十數人取士不以一檢戲志
才郭嘉等有負俗之譏杜畿簡傲少文
皆以智策舉之終各顯名荀攸後爲魏

才郭嘉等有負俗之譏杜畿簡傲少文皆以智策舉之終古顯名荀攸後爲魏尚書令推賢士大祖曰二荀令之論人也久而益信五沒世不忘也

荀攸字公達或從子也太祖以爲軍師每稱曰公達外愚内智外怯内勇外弱内強不伐善不施勞智可及雖顏子甯武不能過也文帝在東宮太祖謂曰荀公達人之師表也汝當盡礼敬之傅子曰太祖稱荀令君之舉善不進不休荀軍師之法惡不去不止也賈詡字文和武威人也爲太中大夫是時文帝

【第十三紙】

文和武威人也爲太中大夫是時文帝
爲五官將而臨菑侯植才名方盛各有
黨與有奪宗之議太祖嘗問詡詡嘿然
不對太祖曰與卿言而不答何也詡曰
属有所思故不即對耳太祖曰何思詡
曰表太祖劉景升父子大咲於是太子
也大祖遂定文帝即位以詡爲太尉魏略
曰文帝德詡之對太祖故即位首登上
司荀勗列傳曰晉司徒鈌武帝問其人
於勗〻答曰三公具瞻所歸不可用非
其人昔文帝用賈詡爲三公孫權咲之

放罷荅曰三公具瞻所歸不可用非其人昔文帝用賈詡爲三公孫權咲之袁渙字曜卿陳郡人也劉備之爲豫州舉渙茂才後爲呂布拘留布初與劉備和親後離隙布欲使渙作書罵辱備渙不可再三强之不許布大怒以兵脅渙曰爲之則生不爲則死渙顔色不變咲而應之曰渙聞唯德可以辱人不聞以罵使彼固君子耶且不恥將軍之言彼誠小人耶將復將軍之意則辱在此不

誠小人耶將復將軍之意則辱在此不在於彼且復他日之事劉將軍猶今日之事將軍也如一旦去此後罵將軍可乎布慙而止

王脩字叔治北海人也年七歲喪母々以社日亡來歲鄰里社脩感念母哀甚鄰里聞之爲罷社袁譚在青州辟脩爲治中從事譚欲攻弟尚脩諫曰夫兄弟者左右手也譬人將鬭而斷其右手而

【第十四紙】

者左右手也譬人將鬪而斷其右手而曰我必勝若是者可乎夫弃兄弟而不親天下其孰親之屬有讒人固將交鬪其間以求一朝之利願明使君塞耳而勿聽也若斬佞臣數人復相親睦以樂四方可以横天下譚不聽太祖遂引軍脩聞譚已死歸哭曰無君焉歸遂詣太祖乞收譚屍太祖不應脩復曰受袁氏厚恩若得收斂譚死然後就戮無所恨

厚恩若得收斂譚死然後就戮無所恨
太祖嘉其義聽之太祖破南皮閲脩[家]穀
不滿十斛有書數百卷太祖歎曰士不
妄有名乃群爲司空掾魏略曰郭憲字幼簡西平人也
肆紛失衆依憲衆人多欲取紛以邀功而憲皆責怒之言人窮來歸我云何欲
危之後紛病死而楊遠等就斬紛頭欲條蹤憲名憲言我常不忍生圖之豈忍
取死人以要功乎遠等乃止紛首到太祖宿聞憲名乃親蹤怙不在中以問遠
々等具以情對太祖歎其至義乃并衣列賜爵關内侯
邴原字根矩北海朱虛人也太祖群司

【第十五紙】

邴原字根矩北海朱虛人也太祖群司
空掾原女早亡時太祖愛子倉舒亦沒
太祖欲求合葬原亂曰合葬非古也原
之所以自容明公之所以待原者以
能守訓典而不易也若聽明公之命則
是凡庸也明公焉以爲哉太祖乃止原別
傳曰魏太子爲五官中郎將天下向慕
賓容如雲而原獨守道持順自非公
事不妄舉動太子嘗使人從容問之原
曰吾聞國危不事家宰君老不奉世子
此典制之也

此典制之也
崔琰字季珪清河人也太祖領冀州牧
辟琰爲別駕從事太祖征并州留琰傅
文帝於鄴世子仍出田獵變服易乘志
存驅逐琰書諫曰蓋聞盤于遊田書之
所戒魯隱觀魚春秋譏之此周孔之
格言二經之明義也今邦國殄瘁惠康
未給士女企踵所思者德加公親御戎
馬上下勞慘世子宜遵大路以行正思

馬上下勞慘世子宜遵大路以行止思
經國之略深惟儲副以身為寶而猥襲
虞豫之賤服忽馳騖而陵險志雉兔之
小娛忘社稷之為重斯誠有識所以惻
心也惟世子燔翳捐褶以塞衆望不令
老臣獲罪於天世子報曰昨奉嘉命惠
示雅數欲使燔翳捐褶翳已壞矣褶亦
去焉後有此比蒙復誨諸魏國初建拜
尚書時未立太子臨菑侯植有才而愛

【第十六紙】

尚書時未立太子臨菑侯植有才而愛
太祖狐疑以椷令密訪於外惟琰露板
答曰蓋聞春秋之義立子以長加五官
將仁孝聰明宜承正統琰以死守之琰
植之兄女聟也太祖貴其公高喟然歎
息遷中尉琰甚有威重朝士瞻望而太
祖亦嚴憚焉先賢行狀曰琰清忠高亮雅識經遠雅方直道正色
於朝魏初委銓衡總齊清議十有餘年文武奇才多所明拔朝廷歸高天下稱
平矣之也有白琰此書傲世怨者太祖怒罰

平矣之也有白琰此書傲世怨者太祖怒罸
琰為徒隷使人視之乱也無橈太祖令
曰琰雖見刑而通賓客門若市人對賓
客虬鬚直視若有所瞋遂賜琰死為世
所痛惜至今冤之
毛玠字孝先陳留人也為東曹掾與崔
琰典選舉其所用皆清正之士雖於時
有盛名而行不由本者終莫得進務以
儉率人由是天下莫不以廉節自厲雖

【第十七紙】

儉率人由是天下莫不以廉節自厲雖
貴寵之臣輿服不敢過度太祖嘆曰用
人如此使天下人自治吾復何爲哉文
帝爲五官將親自詣玠屬所親念玠荅
曰老臣以能守職幸得免戾今所說人
非遷次是以不敢奉命魏國初建爲尚
書僕射復典選舉 先賢行狀曰玠雅亮公正在官清恪其由
選舉拔貞實斥華僞進遜行抑賞與四
海翕然莫不厲行貴者无穢欲之累賤
者絶姦化之賕吏絜於上俗
移于下民到于今稱也

者絶姦化之賊吏繫於俗移于下民到于今稱也

崔琰既死玠內不悅後有白玠出見黥面反者妻子沒爲官僮玠言曰使天不雨者蓋由此也太祖大怒收玠付獄大理鍾繇詰玠玠辭曰臣聞蕭生縊死困於石顯賈子放外讒在絳灌白起賜劒於杜郵鼂錯致誅於東市伍員絶命於吳都斯數子者或妬其前或害其後臣以齠執簡累勤取官職在機近人事所竄

齠執簡累勤取官職在機近人事所寵
屬臣以私無勢不絕語臣以寬無細不
理青蠅橫生爲臣作謗〻臣之人勢不
在他昔王叔陳生爭正王庭宣子平理
命舉其契是非有宜曲直有所春秋嘉
焉是以書之臣不言此無有時人說臣
此言必有徵要乞蒙宣子之使而求王
叔之對若臣以曲聞即刑之日方之安
駟之贈賜劍之來比之重賞之惠謹以

【第十八紙】

卹之贈賜錫之來比之重賞之惠謹以

狀對桓楷和洽進言救玠玠遂免黜卒

于家 孫盛曰魏武於是失政刑矣易稱明折庶獄傳有舉直錯枉庶獄明

國無怨民枉直當則民無不服未有徵青蠅之浮聲信浸潤之譖訴可以允釐

四海惟清緝熙者也昔漢高獄蕭何出復相之玠之一眚永見擯放二主度量

豈不殊哉

徐奕字季才東莞人也太祖辟東曹屬

丁儀等見寵於時並害之而奕終不為

動 傳子曰武皇帝至明也崔琰徐奕一時清賢皆以忠信顯於魏朝丁儀間

勳傳子曰武皇帝主明也崔琰徐奕一時清賢皆以忠進顯於魏朝丁儀間之徐奕失位而崔琰被誅之也
鮑勛字叔業泰山人也爲中庶子出爲
魏郡西部都尉太子郭夫人弟斷盜官布
法應棄市太子數手書爲之請勛不敢
擅縱具列上勛前在東宮守正不撓太
子銜悅及重此事恚望滋甚延康元年
勛爲侍中文帝受禪勛每陳今之所急
唯在軍農寬惠百姓臺榭苑囿宜以爲

【第十九紙】

唯在軍農寬惠百姓臺榭苑囿宜以爲後帝將出遊獵勅停車上疏曰臣聞五帝三王靡不明本立教以孝治天下陛下聖仁惻隱有同古烈臣冀繼蹤前代令萬世可則也如何在諒闇之中脩馳騁之事乎臣冒死以聞唯陛下察焉帝手毀其表而競行獵中道頓息問侍臣曰獵之爲樂何與八音也侍中劉曄對曰獵勝於樂勅抗辭曰夫樂上通於神

曰獵勝於樂勛抗辞曰夫樂上通於神
明下和人理隆理致化萬邦咸乂故移
風易俗莫善於樂況獵暴華蓋於原野
傷生育之至理櫛風沐雨不以時隙哉
昔魯隱觀漁於棠春秋譏之雖陛下以
為務愚臣所不願也因奏劉曄諛不忠
阿順陛下過戲之言昔梁丘據取媚於
遄臺觧之謂也謂有司議罪以清皇朝
帝怒作色還即出為右中郎將黃初四

帝怒作色還即出爲右中郎將黄初四
年尚書令陳群僕射司馬宣王竝舉勛
爲宮正帝不得已而用之百寮嚴憚罔
不肅然六年帝欲征吳群臣大議勛面
諫以爲不可帝益忿之左遷勛爲治書
執法帝從壽春還屯陳留郡界太守孫
邕見出過勛時營壘未成但立標埒邕
邪行不從正道營軍令史劉曜欲推之
勛以塹壘未成解上不舉大軍還洛陽

【第二十紙】

勳以塹壘未成解上不舉大軍還洛陽
曜有罪勳奏絀遣而曜密表勳私解邕
事詔曰勳指鹿作馬牧付廷尉法
議正刑五歲三官駮依律罰金二斤帝
大怒曰勳无活分而汝等敢縱之牧三
官下付刺姦當令十鼠同穴太尉鍾繇
司徒華歆等並表勳父信有功於太祖
求諸勳罪帝不許還誅勳々內行既脩
廉而能施死之日家无餘財尋不萬勳

廉而能絶死之日家无餘財尊不爲勧
歎恨
王朗字景興東海人也文帝即王位遷
御史大夫上疏勸育民省刑曰易稱勅
法書著刑慎獄之謂也昔相國以獄市
爲寄得其路温舒疾獄之吏夫治獄者
情則無冤死之囚丁壯者得盡地力則
無飢饉之民窮老者得仰食倉廩則無
餧餓之殍嫁娶以時男女無怨曠之恨

【第二十一紙】

饑餓之殍嫁娶以時男女無怨曠之恨胎生必全則孕者無自傷之哀新生必復則孩者無不育之累壯而後則幼者無離家之思二毛不戎則老者無頓伏之患醫藥以療其疾寛傜以樂其業威罰以抑其彊恩仁以濟其弱振餼以贍其乏十年之後既笄者必盈巷卄年之後勝兵者必滿野矣帝踐祚改爲司空時帝頗出遊獵或昏夜還宮朗上疏曰夫

帝頗出遊獵或昏夜還宮朗上疏曰夫
帝王之居外則飾周衛内則重禁門將
行則設兵而後出幄稱警而後登輿清
道而後奉引遮列而後轉轂靜室而後
息駕皆所以顯至尊務戒慎垂法教也
近日車駕出臨捕虎日昃而行及昏而
反違警蹕之常法非萬乘之慎也帝報
曰覽表雖魏絳虞箴以諷晉悼相如陳
猛獸以戒漢武未足以喩方寢未殊將

猛獸以戒漢武未足以喩方寝未殊將師遠征故時入原野以習戎備至於夜還之戒輙詔有司施行

子肅字子雍拜散騎常侍上疏陳政曰夫除无事之位損不急之祿止浮食之費并從容之官使官必有職々任其事々必受祿々代其耕乃往古之常式今之所宜也官寡而祿厚則公家之費鮮進仕之志勸各展才力莫相倚相伏敷

【第二十二紙】

進仕之志勸各展才力莫相倚相伏數

奏以言明識以功能之與否在簡帝心

矣景初閒宮室盛興民失農業期信不

敦刑殺倉卒肅上疏曰大魏承百王之

極生民無幾干戈未戢誠宜息民而惠

之以安靜遐迩之時也夫務蓄積而息

疲民在於省徭役而勤稼穡今宮室未

就功業未訖運漕調發轉相供奉是以

丁夫疲於力作農者離於南畝今見作

下失疲於力作農者離於南畝今見作
者三四萬人九龍可以安聖體其内足
以列六宮顯陽之殿又向將畢雖太極
已前功夫尚大方向盛寒疾或作誠願
陛下發德音下發德音下明詔深愍役
夫之疲勞厚矜兆民之不贍取常食廩
之士非要急之用選其丁壯擇留萬人
使一朞而更咸知息代有日則莫不悅
以即事勞而不怨矣夫信之於民國家

【第二十三紙】

以即事勞而不怨矣夫信之於民國家大寶也仲尼曰自古皆有死民非信不立夫區〻之晉國微〻之重耳欲用其民先示以信用能一戰而霸于今見稱前車駕當幸洛陽發民爲營有司命以營成而罷既成又利其功力不以時遣有司徒營其目前之利而不顧經國之體臣愚以爲自今以後儻復使民宜明其命使必朞若有事次寧復更發无或

其命使必期若有事次寧後更蔽无或
失信凡陸下臨時之所行刑皆有罪之
吏宜死之人也然衆庶不知謂爲倉卒
故願陛下〻之於吏而暴其罪均其死
也無使汗于宮掖而遠近所疑且人命
重難生易殺氣絶而不續者也是以聖
王重之孟軻稱殺一无辜以耳天下仁
者不爲也漢時有犯蹕驚乘輿馬者廷
尉張釋之奏使罰金文帝怪其輕而釋

尉張釋之奏使罰金文帝怒其輕而釋之曰方其時上使誅之則已今下廷尉〻〻天下之平也一傾之天下用法皆爲輕重民安所厝手足哉臣以爲大失其義非忠臣所宜陳也廷尉者天子之吏也猶不可以失平而天子之身反可以惑謬乎斯重於爲己而輕於爲君不忠之甚也周公曰天子無戲言〻猶不戲而況行之乎故釋之〻言不察周公

【第二十四紙】

謵　辯俗作謵也

戲而況行之乎故擇之言不察周公
之戒不可不法也帝嘗問曰漢桓帝時
白馬令李雲上書言帝者諦也是帝欲
不諦當何得不死肅對曰但爲言失逆
順之節原其本意皆欲盡心念存補國
且帝者之威過於雷霆殺一匹夫無異
螻蟻寬而宥之可以示容受謵廣德宇
於天下故臣以爲殺之未必爲是也
程昱字仲德東郡人也孫曉字季則嘉

程昱字仲德東群人也孫曉字季則嘉平中爲黄門侍郎時校事放横曉上疏曰周禮云設官分職以爲民極春秋傳曰天有十日人有十等愚不得臨賢賤不得臨貴於是並建聖哲明試以功各脩厥業思不出位故欒書欲拯晋侯其子不聽死人横於街路邴吉不問上不責非職之功下不務分外之賞吏無兼統之勢民无二事之役斯誠爲國要道

【第二十五紙】

統之軌民无二事之役斯誠爲國要道治乱所由也遠覽典志近觀秦漢雖官名改易職司不同至於崇上抑下顯明分例其致一也初無校事之官干與庶政者也昔武皇帝大業草創衆官未備而軍旅勤苦民心不安乃有小罪不可不察故置校事取其一切耳然檢御有方不至縱恣也此霸世之權宜非帝王之正典其後漸蒙見任轉相因仍莫正

之正典其後漸蒙見任轉相因仍莫正
其本遂令上察官廣下攝衆司官无局
業職無分限隨意任情唯心所適法
於筆端不依科條詔獄成於門下不須
覆訊其選官屬以謹慎爲粗疏以憁挏
爲賢能其治事以刻暴爲公嚴以循理
爲怯弱外託天威以爲聲勢內聚群奸
以爲腹心大臣恥與分勢含忍而不言
小人畏其鎮芒鬱結而無告至使尹模

小人畏其鎮芒欝結而無告至使尹模
公於目下肆其姧匿罪惡之著行路皆
智纖惡之過積年不聞既非周礼設官
之意又非春秋十等之義也今外有公
卿将校捴統諸署内有得侍中尚書緑
理萬機司隷校尉督察京輦御史中丞
董攝宮殿皆高選賢才以充其職申明
科詔以督其違若此諸賢猶不足任校
事小吏益不可信若此諸賢各思盡忠

【第二十六紙】

事小吏益不可信若此諸賢各思盡忠
挍事區區亦復無益若更高選國士以
爲挍事則是中丞司隸重增一官若如
舊選尹摸之姧今復發矣進退推筭無
所用之昔桒弘羊爲漢求利卜式以爲
獨亨弘羊天乃可雨若使政得失必感
天地臣恐水旱之灾未必非挍事之由
也曹恭公遠君子近小人國風託以爲
刺衛獻公舍大臣與小臣謀定姜謂之

剌衛獻公舍大臣與小臣謀定姜謂之
有罪縱令校事有益於國以礼義言之
尚傷大臣之心況姦回暴露而後不罷
是衮闕不補迷而不及也於是遂罷劉
曄字子楊淮南人也爲侍中傅子曰曄事明帝大
見親重帝將伐蜀朝臣内外皆曰不可
曄入與帝議因曰可伐出朝臣言因曰
不可伐曄有膽智言之皆有形中領軍
楊暨帝之親臣又重曄持不可伐蜀義
衆賢每從内出輙過曄講不可伐之意
後暨從駕行天淵池帝論伐論蜀事暨
切諫帝曰卿書生焉知兵事暨曰臣誠
不足採侍中劉曄先帝謀臣常曰蜀不

【第二十七紙】

切諫帝曰卿書生焉知兵事暨曰臣誠
不足採侍中劉曄先帝謀臣常曰蜀不
可伐帝曰曄與吾言蜀可伐暨曰曄在
可召質也詔曄曄至帝問之曄終不言
後獨見曄責帝曰伐國大謀也臣得與
聞大謀常恐眯夢漏泄以益臣罪焉敢
向人言之夫兵詭道也軍事未發不厭
其密陛下顯然露之臣恐敵國已聞
矣於是帝謝之曄出責暨曰夫釣者中
大魚則縱而隨之須可制而後牽則无
不得也人主之威豈徒大魚而已子誠
直臣然計不精思也暨亦謝之曄能應
物兩端如此或惡曄於帝曰曄不盡忠
善伺上意所趣而合之陛下試言皆反
意而問之若皆與所問反者是曄常與聖
意合也復每問皆同者曄之情必
无所復逃矣帝如言驗之果得其情從
此疏焉曄遂任出爲鴻臚以憂死語曰

无所復逃矣帝如言驗之果得其情從
此疏焉嗥遂任出爲鴻臚以憂死語曰
巧詐不如
拙誠信矣
蔣濟字子通楚國人也文帝踐祚爲散
騎常侍有詔ゝ征南將軍夏侯尚曰卿
腹心重將特當使恩施足死惠愛可懷
作威作福殺人尚以示濟帝聞曰卿所
聞見天下風教何如濟對曰未有他善
但見亡國之語耳帝忿然作色而問其
故濟具以答因曰天作威作福書之明

故濟具以荅曰曰天作威作福書之明
誡天子無戲言古人所慎唯陛下察之於
是帝意解遣追取前詔
蘇則字文師扶風人也爲金城太守文
帝問則曰前破酒泉張掖西域通使敦
煌獻徑寸之珠可復求市益得不對曰
若陛下化洽中國德流沙漠即不求自
至求而得之不足貴也帝嘿然後從獵
槎桎拔失鹿帝大怒踞胡牀拔刀悉收

【第二十八紙】

槎桎拔失鹿帝大怒踞胡牀拔刀悉收
吏將斬之則稽首曰臣聞古之聖王不以
禽獸害人今陛下方隆唐堯之化而以
獵戲多殺群吏愚臣以爲不可敢以死
請帝曰卿直臣也遂皆赦之然以此見
憚左遷河東相
杜畿字伯侯京兆人也子恕字務伯爲
散騎黃門侍郎每政有得失常引綱維
以正言時大議考課之制以考內外衆

以正言時大議考課之制以考内外衆
官恕上疏曰書稱明試以功三考黜陟
帝王之盛制然歷六代而考績之法不
著開七聖而課試之文不垂臣誠以
爲其法可粗依其詳難備舉故也語曰
世有乱人而無乱法若使法可專任則
唐虞可不須稷契之佐殷周无貴伊呂
之輔矣今奏考者陳周漢之云爲綴京
房之本旨可謂明考課之要矣於以崇

【第二十九紙】

房之本旨可謂明考課之要矣於以崇
揖讓之風興濟〻之治臣以為未盡善
也其欲使州郡考士必由四科者皆有
事効然後察舉或辟公府為親民長吏
轉以功次補群守者或就增秩賜爵此
最考課之急務也至於公卿及內職大
臣不當但以其職考課之也古之三公
坐而論道乃內職大臣納言補闕無善
不紀無過不舉直天下至大萬機至衆

不紀無過不舉直天下至大萬機至衆
誠非一明所能偏照故君爲元首臣爲
股肱明其一體相須而成也爲有大臣
守職辯課可以致雍熙者哉具布衣之
交猶有務信誓而蹈水火感知己而披
肝膽殉聲名而立節義者況於束帶立
朝致位卿相所務者非特匹夫之信所
感者非知己之惠所殉者豈名聲而已
乎諸蒙寵祿受重任者不徒欲舉明主

乎諸蒙寵祿受重任者不徒欲舉明主
於唐虞之上而已身亦欲廁稷契之列
是以不患於念治之心不盡患於自任
之意不足此誠人主使之然也唐
虞之君委任稷契夔龍而責成功及其
罪也殛鯀而放四凶今大臣親奉明詔
給事自下其有夙夜在公恪勤特立當
官不撓不阿所私危言行以處朝廷者
自明主所察也若尸祿以爲高容拱嘿

【第三十紙】

自明主所察也若尸祿以爲高容拱嘿以爲智當苟在於免負立朝不忘於容身者亦明主所察也誠使容身保位無放退之辜而盡節在公抱見疑之勢公義不脩而私議成俗雖仲尼爲謀猶不能盡一才又況於世俗之人乎今之學者郎商鞅而上法術競以儒家爲迂闊不周此最風俗之流弊創業者之所致愼也後考課意不行樂安廉照以才能

慎也後考課竟不行樂安廉昭以才能拔擢頗好言事恕上疏極諫曰伏見尚書郎廉昭奏左丞曹璠以罰當關不依詔坐判問又云諸當坐者別奏尚書令陳矯自奏不敢乱罰亦不敢以處重為恭意至懇惻臣竊為朝廷惜之夫聖人不擇世而興不易人而治然而生必有賢智之佐者蓋進之以道帥之以礼故世古之帝王所以能輔世長民者莫不

【第三十一紙】

世古之帝王所以能輔世長民者莫不遠得百姓之歡心近盡群臣智力誠使今朝任職之臣皆天下之選而不能盡其力不可謂使人也若非天下之選亦不可謂能官人也陛下憂勞萬機或親燈火而庶事不康刑禁日施豈非股肱不稱之明効與源其所由非獨臣有不盡忠亦主有不能使也百里奚愚於虞而智於秦豫讓苟容中行而著節智

而智猴〻秦穆讓苟容中行而着節智
伯斯則古人之明驗矣若陛下以為今
世無良才朝廷之賢佐豈可追望稷契
之遐蹤坐待來世之儁乂乎今之所謂
賢者盡有大官而享厚祿矣然而奉上
之節未立向公之心不壹者委任之責
不專而俗多忌諱故也陛下當闡廣朝
之心篤厲有道之節使之自同古人聖
與竹帛耳反使如廉昭者擾亂其間臣

與竹帛耳反使如廉照者擾乱其間臣
懼大臣遂将容身保位坐觀得失爲来
世戒也昔周公戒魯侯曰無使大臣怨
乎不以言賢愚明皆當世用也尭數舜
之功稱去四凶不言大小有罪則去也
陛下何不遵周公之所以用大舜之所
以去使侍中尚書坐則侍帷幄行則從
輿輦親對詔問所陳必達則群臣之行
能否皆可得而知忠能者進闇劣者退

【第三十二紙】

能否皆可得而知忠能者進闇劣者退
誰敢依違而不自盡以陛下之聖明親
與群臣論議政事使群臣人得自盡人
自以爲親人思所以報賢愚能否在陛
下之所用也明主之用人也使能者不
敢遺其力而不能用者不得處非其任
選舉非其人未必爲有罪也舉朝共容
非其人乃爲怪耳陛下又患臺閣禁令
之不密人事請屬之不絶聽伊尹作近

之不密人事請屬之不絶聽伊尹作近容出入之制選司徒吏以守寺門威禁由之實未得爲禁之本也陛下自不蟜必行之罰以絶阿黨之厚耳伊尹之制與惡吏守門非治世之具也使臣之言少見察納何患於姦不消滅而養若廣昭等乎夫糺適姦宄忠事也然而世憎小人行之者以其不顧道理而苟求容進也若陛下不復考其終始必以

【第三十三紙】

求容進也若陛下不復考其終始必以違衆迕世爲奉公密行百人爲盡節焉有通人大才而更不能爲此邪誠顧道理而弗爲耳使天下皆背道而趣利則人主之最病陛下何樂焉而不絶萠孚乎夫先意承旨以求容媚縡皆天下淺薄无行義者其意務在於適人主之心而已非治天下安百姓也陛下何不試變業而示之彼豈執其所守以違聖意

640 廢業而示之儉豈執其所守以違聖意

641 哉夫人臣得主之心安業也處尊顯之

642 官榮事也食千鍾之禄厚實也人臣雖

643 愚未有不樂此而害于忤者也迫於道

644 彊耳誠以爲陛下當憐而祐之少委任

645 焉如何反録照等頃側之意而忽若人

646 者乎怨論議杭直皆此類也

647 龐德字令明南安人也拜立義将軍屯

648 樊討關羽樊下諸将以德兄在漢中頗

樊討關羽樊下諸將以德兄在漢中頗疑之德常曰我受國恩義在効死會漢水暴溢羽乘船攻之矢盡知兵校德謂督將成何曰吾聞良將不法死以茍免烈士不毀節以求生今日我死日也戰益怒氣愈壯而水侵盛為羽得立而不跪羽謂曰卿兄在漢中我欲以卿為將不早降何為罵羽曰豎子何謂降也魏王帶甲百萬威振天下汝劉備庸才耳豈

【第三十四紙】

帶甲百萬威振天下汝劉備庸才耳豈
能敵邪我寧爲國家鬼不爲賊將也遂
爲羽所殺太祖聞而悲之爲流涕封其
二子爲列侯文帝即王位乃遣使就德
墓賜謚策曰昔先軫喪元王蠋絶脰殞
身殉節百代美之惟侯我昭果毅蹈難
成名聲溢當時義高在昔寡人愍焉謚
曰壯侯又賜子會等四人爵關內侯
邑各百戶

邑各百戶
閻溫字伯儉天水人也馬超圍州所治
冀城甚急州乃遣溫密出告急賊執還
詣超〻解其縛謂曰今成敗可見足下
爲孤城求救而執於人手義何所施若
從吾言反謂城中東方無救此轉禍爲福
之計也不然今爲戮矣溫僞許之超乃
（一本七字无）
（溫僞許之超乃載）
載溫詣城下溫向城大呼曰大將軍不
過三日至勉之超怒數之溫不應後謂

過三日至勉之趙怒數之溫不應復謂
溫曰城中故人有欲與吾同者不溫又
不應遂切責之溫曰夫事君有死无貳
而卿乃欲令長者出不義之言吾豈苟
生者乎趙遂殺之

群書治要卷第廿五

678 677

群書治要 廿六

【第一紙】

群書治要卷第廿六　秘書監鉅鹿男臣魏徵等奉勅撰

魏志下

陳思王植字子建每進見難問應聲而對見寵愛既以才見異而丁儀廙楊脩等為之羽翼太祖狐疑幾為太子者數矣黄初三年立為鄄城王太和元年徙為雍丘王三年徙封東阿王五年上疏求存問因致其意曰臣聞天稱其高以

求存問曰致其意曰臣聞天稱其高以無不覆地稱其廣以無不載日月稱其明以無不照四海稱其大以無不容故孔子曰大哉堯之爲君唯天爲大唯堯則之夫天德之於萬物可謂弘廣矣善堯之爲教先親後疏自近及遠周之文王亦崇厥化昔周人弔管蔡之不咸廣封懿親以藩屏王室傳曰周之同盟異姓爲後成骨肉之恩爽而不離親〻之

【第二紙】

姓為後成骨肉之恩爽而不離親〻之義寔在敦固未有義而後其君仁而遺其親者也臣伏惟陛下姿帝唐欽明之德體文王翼〻之仁惠洽椒房恩昭九親羣后百寮番休遞工執政不廢於公朝下情得展於私室親理之路通慶弔之情展誠可謂恕己治人推惠施恩者矣至於臣等婚媾不通兄弟乖絶吉凶之問塞慶弔之礼廢恩紀之違甚於路

之問塞慶弔之礼廢恩紀之違甚於路
人隔閡之異外於胡越以一切無朝覲
之望於注心皇極結情紫闥神明知之
矣顧陛下肅然垂詔使諸國慶問得展
以敘骨肉之歡恩全怡怡之篤義妃妾
之家膏沐之遺歲得再通齊義於貴宗
等惠於百司如此則風雅所詠復存於
聖世矣臣伏自思惟錐刀之用及觀陛
下之所或授若臣為異姓竊自料度不

【第三紙】

下之所或授若臣爲異姓竊自料度不後於朝士矣若得辭遠遊戴武弁解朱組佩青紱駙馬奉車趣得一号安宅京室執鞭珥筆出從華蓋入侍輦轂承答聖問拾遺左右乃臣丹誠之至願也遠慕鹿鳴君臣之宴中詠常棣匪他之或下思伐木友生之義終懷蓼莪罔極之哀每四節之會塊然獨處左右唯僕隷所對唯妻子高談無所與陳發義無所

所對唯妻子高談無所與陳發義無所與展未嘗不聞樂而拊心臨觴而歎息也臣伏以爲犬馬之誠不能動人譬人之誠不能動天崩城隕霜臣初信之以臣心況徒虛語耳若葵藿之傾葉太陽不爲之迴光亦終向也誠也竊自比葵藿若降天地之施垂三光之明者寔在陛下今之否隔友于同憂而臣獨唱言者竊不願聖使有不蒙施之物必有慘

者竊不顧聖使有不蒙施之物必有慘
毒之懷故柏舟有天只之怨谷風有弃
予之歎故伊尹恥其君不如堯舜臣之
愚蔽欲使陛下崇光日月被時雍ゝ之
美者是臣悽ゝ之誠也詔報曰夫忠厚
仁及草木則行葦之詩作恩澤衰薄不
親九族則角弓之章刺今令諸國兄弟
情簡妃妾之家膏沐踈略縱不能敦而
睦之王援古喻義備矣悲矣何言精誠

【第四紙】

睦之王授古喻義備矣忠矣何言精誠
不足以感通哉夫明貴賤崇親〻禮賢
良順少長国之綱紀本無禁諸國通問
之詔也矯枉過正下吏懼譴以至於此
耳已勑有司如王所訴擯復上疏陳審
擧之義曰臣聞天地協氣而萬物生君
臣合德而庶政成五帝之世非皆智三
季之末非皆愚用與不用知與不知也
書曰有不世之君必能用〻不〻世〻

書曰有不世之君必能用〻不〻世〻
之〻臣〻必立不世之功昔樂毅奔趙
心不忘燕廉頗在楚思為趙將臣生乎
乱長乎軍又數承教于武皇帝伏見行
師用兵之要不取孫呉而闇與之合竊
揆之於心常願一奉朝覲排金門蹈玉
陛列有職之臣賜須臾之間使臣得一
散所懷攄盡蘊積死不恨矣然天高聽
遠情不上通徒獨素雲而撫心仰高風

【第五紙】

遠情不上通徒獨素雲而搤心仰高風
而歎息耳屈平曰国有驥而不知乘焉
遑〻而更索昔管蔡放誅周邵作弼
叔陷刑叔向匡國三監之釁臣自當之
二南之輔求必不遠華宗貴族藩王之
中必有應斯舉者故傳曰無周公之親
不得行周公之事唯陛領留意焉近者
漢氏廣建藩王豐則連城數十约則饗
食祖祭而已未若姫周之樹国五品之

食祖祭而已未若姫周之樹国五品之
制也若扶蘇之諫始皇淳于越難周青
臣可謂知時變矣能使天下傾耳注目
者當權者是矣故謀能移主威能懾下
豪在執政不在親戚權之所在雖疏必
重勢之所去雖親必輕蓋取齊者田族
非呂宗也分晉者趙魏非姫姓也唯陛
下祭之苟吉專其位凶離其患者異姓
之臣也欲国之安祈家之貴存共其榮

之臣也欲国之安祈家之貴存共其榮
没同其禍者公族之臣也今反公族踈
而異姓親臣竊惑焉今臣與陛下踐冰
履炭高下共之豈得離陛下哉不勝憤
滿拜表展陳情若有不合乞且藏之書
府不便滅弃臣死之後事可思魏略曰植以近
前諸国士息已見發其遺孔稚弱在者
無幾而後被取乃上書曰臣聞古之聖
君與日月齊其明四時等其信是不中
絶教無二可以此臨朝則臣下知所死
矣受任在萬里之外審主之所以授官
必己之所以投命雖搆會之徒泊然不

【第六紙】

矣受任在萬里之外審主之所以授官必己之所以投命雖搆會之徒泊然不以為懼者蓋君臣相信之明效也初受封策書曰授植茲青社為魏藩輔而所得近百五十人皆年耳順或不踰矩旅賁官騎及親工凡二百餘人皆使年壯備有不虞假校乘城領不足以自救況皆復耄耋罷曳乎而名為魏東藩使屏幹王室臣竊自羞矣就諸國國有士子合不過五百人伏以為三軍益損不復賴此方外定否必當須辭者臣願將部曲倍道奔赴夫員妻戴繈子懷糧蹈鋒履刃以殉國難何但習業小兒哉愚誠以揮涕河鼷鼠飲海於朝萬無損益於臣家計甚有廢頓又臣士息前後三送兼人已竭唯尚有小兒七八歲已上十六七已還卅餘人今部曲皆年耆臥在床席非糜不食眼能視息裁屬者凡卅

六七已還卅餘人今部曲皆年耆卧在
牀席非糜不食眼能視息裁屬耆凡卅
七人瘂癈風痱痝肩聾瞶耆廿三人唯
正須此小兒大者捕可宿衛雖不足以
衛寂粗可以警小盜小者未堪大使為
可使弘鋤穢草驅護鳥雀休息人則一
事發一日獨則衆業廢不卜親自經營
則功不攝常自躬親不委下吏而已陛
下聖仁恩詔三至士子給国長不復發
明詔之下有若皦日保全石之恩必明
神之信定習業者並復見送曉若晝晦
根然失圖伏以為陛下既爵臣百僚之
右居之潘国之任為置卿士屋名為宮
家名為陵不使其茫居獨立無異於凡
康若陛下聽臣悉還部曲罷官屬省監
官使解雲釋绂退栖成子仲之業營顏
劉原憲之事居子臧之盧宅延陵之室
如此雖進無成功退可守節身死之日

【第七紙】

劉原憲之事居子臧之盧宅延陵之室如此雖進無成功退可守節身死之日猶松喬也然伏度国朝終未肯聽臣之若是固當羈絆於世繩維繫千祿位懷屑々之小憂執無已之百念安得蕩然肆心逍遙於宇宙之外哉此願未從陛下必欲崇親々篤骨肉潤骨而榮枯木者唯遂仁惠以副前恩有詔皆送還之也

六年封植為陳王時法制待藩国既自然浸逼寮屬皆賈豎下才兵人給其殘老大數不過二百十一年而三徒都常汲々無歡遂發疾薨孫盛曰異哉魏氏之封建也不度先

汲汲無歡遂發疾薨

孫盛曰異哉魏氏之封建也不度先王之曲不思藩屏之術違敦穆之風背維城之義漢初之封或權侔人主雖云不度時世然也魏氏諸侯陋同匹夫雖懲七国矯枉過也且魏之代漢非積悳之由風澤既懲六合未一而凋翦枝幹委權異族勢同瘣木危若巢幕五嗣忽諸非天喪也五等之制万世不易之典六代興亡曹同論之詳矣

中山恭王袞每兄弟遊娛袞獨譚思經典文學防輔遂共陳表稱袞美聞之大驚懼責讓文學曰脩身自守常人之行耳而諸君乃以上聞是適所以增其負

耳而諸君乃以上聞是適所以增其負
累也且如有善何患不聞而遽共如是
〻非益我其誡慎如此尚約儉教勅妃
妾紡績絍習為家人之事病困令世子
曰汝幼少未聞義方早為人君但知樂
不知苦必將以驕奢為失也接大臣務
以禮雖非大臣老者猶宜答拜事兄以
敬恤弟以慈兄弟有不良之行當造膝
諫〻之〻不從流涕喩〻之〻不改乃

【第八紙】

諫〻之〻不從流涕喻〻之〻不改乃白其母若猶不改當以奏聞并辭国土與其守寵罹禍不若貧賤全身也此亦謂大罪惡耳其微過細愆故當奄覆之嗟乎小子慎脩乃身奉聖朝以忠貞事太妃以孝敬閨闈之內奉令於太妃閫閾之外受教於沛王無怠於心以慰余靈薨使大鴻臚持節護喪事贈賵甚厚詳曰魏氏王公徒有国土之名而無社

詳曰魏氏王公徒有国土之名而無社
稷之實又禁防擁隔同於囹圄位号靡
定太小歲易骨肉之恩乖棠棣之義廢
為法之弊一至于此乎魏氏春秋載宗室曹冏上書曰
臣聞古之王者必建同姓以明親〻必封異姓以明賢〻故傳曰庸勳親〻昵
近尊賢書曰克明俊德以親九族詩云懷德惟寧宗子維城由斯觀之賢無與
功非親無與輔治也夫親〻之道專用則其漸也微弱賢〻之道偏任則其弊
也劫奪先聖知其然也故傳兼親踈而並用之近則有宗盟藩衛之固遠則有
仁賢輔佐之助興則有與共其治衰則有與守其士安則有與享其福危則有

【第九紙】

仁賢輔佐之助興則有興共其治衰則有興守其士安則有興享其福危則有興同其禍夫然故能有其国家本枝百世也今魏尊賢之法雖明親〻之道未備詩不云乎鶺鴒在京兄弟急難以斯言之明兄弟相救於喪乱之際同心於憂禍之閒雖有鬩墻之忿不忘禦侮之事何則憂患同也今則不然或釋而不任一旦彊埸稱警關門反距股肱不扶匈心無衛臣竊惟此寝不安席謹撰合所聞叙論成敗論曰昔夏殷周歷世數十而秦二世三何則三代之君與天下共民故天下同其憂也秦王獨制其民故傾危莫救也夫與人共其樂者人必憂其憂與人同其安者人必拯其危先王知獨治之不能久也故與人共治之知獨守之不能固也故與人共守之兼親疏而兩用参異同而並建是以輕重足

獨守之不能固也故與人共守之兼親
踈而兩用叅異同而並建是以輕重足
以相鎮親踈足以相衛并兼路塞逆節
不生及其衰也桓文帥礼王經施而後
張諸侯傲而復南二霸之後侵以陵遲
吳楚憑陵江漢負固方城雖心希九鼎
而畏迫宗姬姦情散匈懷逆謀消於脣
吻斯豈非信重親戚任用賢能枝葉碩
茂本根賴之自此之後轉相攻伐吞
戰國諸姬微矣至於王赧降為庶人猶
枝葉相持得居虛位海內無主卌餘年
秦據形勝之地騁譎作之術至於始皇
乃定天位曠日若彼用力若此豈非深
固根蔕不拔之道乎秦觀周之弊以為
以弱奪於是廢五等之爵立郡縣之官
子弟無尺土之封功臣無立錐之土內
無宗子以自毗輔外無諸侯以為藩衛
仁心不加於親戚惠澤不流於枝葉譬

無宗子以自毗輔外無諸侯以為藩衛仁心不加於親戚恵澤不流於枝葉譬猶芟列股肱獨任匈腹浮舟江海弃棫千里子孫帝王萬世之業也豈不悖哉至於身死之日無所寄付委天下之重於凡人之手記癈立之命於姧臣之口至令趙高之徒誅鋤宗室胡亥少習刻薄之教長遵凶父之業不能改制易法寵任兄弟而乃師謨申商諮謀趙高自幽深宮委政讒賊身殘望夷求為黔首豈可得哉遂乃郡国離心衆庶潰叛勝廣唱之於前劉項斃之於後向使始皇納淳于之策抑李斯之論割裂州国分王子弟封三代之後報功臣之勞士有常君人有定主枝葉相扶首尾為用雖使子孫有失道之行時人無湯武之賢姦謀未發而身已屠戮何區〻之陳項而得措其手足哉故漢祖奮三尺之劒

【第十紙】

姦謀朱發而身已屠戮何區區之陳項而得措其手足哉故漢祖奮三尺之劍駈烏合之衆五年之中而成帝業自開闢已來其興功立勳未有若漢之易者也夫伐深根者難爲功摧枯朽者易爲力理勢然也漢監秦之失封植子弟及諸呂擅權圖危劉氏而天下所以不傾動者百姓所以不易心者徒以諸侯強大盤石膠固東牟朱虛授命於內齊代吳楚作衛於外也向高祖蹈踵亡秦之法忽先王之制則天下已傳非劉氏有也然高祖封建地過古制大者跨州兼郡小者連城數十上下無別權侔京室故有吳楚七國之患賈誼曰諸侯強盛長亂起姦莫若衆建諸侯而少其力則下無背叛之心上無誅伐之事文帝不從至於孝景猥用晁錯之計削黜諸侯親者怨恨疏者震恐吳越唱謀五國從

從至於孝景猥用鼂錯之計削黜諸侯親者怨恨疏者震恐吴越唱謀五国從風兆發高帝豐成文景由寬之過制急之不漸故也所謂末大必折尾大難棹尾同於體猶成不從況乎非體之尾其可棹哉武帝從主父之策下推恩之令自是後齊分為七趙分為六淮南三郡梁代五分遂以陵遲子孫微弱衣食租稅不豫政事或以酎金免削或以無後国除至於平帝王氏擅朝劉向諫曰臣聞公族者国之枝葉枝落則本根無庇蔭其言深切多所稱引成帝雖悲傷歎息而不能用至于哀平異姓秉權假周公之事而為田常之亂高枕而竊天位一朝而臣四海漢宗室王侯解印釋綬貢奉社稷猶懼不得為臣妾或乃為之符命頌莽恩德豈不哀哉由斯言之非宗子獨忠孝於惠文之間而叛逆於哀平

【第十一紙】

命頌莽恩悳豈不哀哉由斯言之非宗
子獨忠孝於惠文之間而叛逆於哀平
之際也徒權輕勢弱不能有定耳賴光
武皇帝挺不世之恣王莽於已成紹漢
嗣於既絕斯豈非宗子之力耶而曽未
不鑒秦之策襲周之舊制踵亡国之法
而僥倖無疆之期至於桓靈閹豎執衡
朝無死難之臣外無同憂之國君孤立
於上臣弄權於下本末不能相御身首
不能相使由是天下鼎沸姦凶並爭宗
廟焚為灰宮室變為榛藪君九州之地
而身無所安處悲夫漢氏奉天禪位於
太〻魏〻之〻興〻于今廿四年矣觀
立伐之存亡而不用具長策覩前車之
傾覆而不改具轍迹子弟王空虛之地
君不使之民宗室竄於閭閻不聞邦国
之政權均匹夫勢齊凡庶內無深根不
拔之固外無宗盟盤石之助非所以保

之政權均匹夫勢齊凡庶內無深根不
拔之固外無宗盟盤石之助非所以保
宗廟為万世之業且今以州牧郡守古
之方伯諸侯皆跨有千里之土兼軍武
之任或比國數人或兄弟並據而宗室
子弟曾無一人閒廁其閒非所以強幹
弱枝備萬一之慮也今之用賢或一超
為名都之主或為偏師之而宗室有文
者必限小限山縣之宰有武者必置於
百人之上使夫廉高之士畢志於衡扼
之內才能之人恥與非類為伍非所以
勸進賢能褒異宗族之礼夫泉涸則流
竭根朽則枯葉枝繁者蔭根條落者本
孤故語曰百足虫至死不僵扶之者衆
也此言雖小可以譬大且墉基不可倉
卒而成威名不可一朝而立皆為之有
漸建之有素譬之種樹久則深固其根
本茂盛其枝葉若造次徙於山林之中

漸遠之有素譬之種樹久則深固其根
本茂盛其枝葉若造次徙於山林之中
殖於宮闕之下雖壅之以黒墳煖之以
春日猶不救於枯槁何暇蕃育哉夫樹
猶親戚士民建晝不久則輕下慢上平
居猶懼其離叛危急將如之何是以聖
王安而不忘以慮危也存而設備以惟
亡也故病風卒至無懼拔之憂天下有
變而无傾危之患矣

王粲字仲宣山陽高平人也拜侍中始
文帝為五官將及平原侯植皆好文學
粲與徐幹陳琳阮瑀劉楨並見善友琳
字孔璋避難冀州袁紹使典文章魏氏春秋

【第十二紙】

字孔璋避難冀州袁紹使典文章 魏氏春秋

載紹使琳作檄文曰司空曹操祖父騰
故中常侍與左悺徐璜並作妖孽饕餮
放横傷化虐民父嵩乞携養因贓假位
輿金輦寶輸貨權門竊盜鼎司傾覆重
器操贅閹遺醜本無令德僄狡鋒俠好
乱樂禍莫府昔遇董卓侵官暴国方羅
英雄弃瑕錄用謂其鷹犬之才爪牙可
任道乘茲跋扈肆行酷裂剥割元〻残
賢害善放志專行威劫省禁卑侮王官
敗法乱紀坐名三臺專制政爵由心刑
罸由口所愛光五宗所惡滅三族羣談
者受顯誅腹議者蒙隱戮道路以目百
寮鉗口梁孝王先帝母昆墳陵尊顯操
率将士親臨發掘破棺尸掠取金寶又
署發丘中郎将摸金校尉所過隳突無
嚴不露身處三公之官而行虜之態汙

署發丘中郎將摸金校尉所過隳突無
骸不露身處三公之官而行虜之態汙
國虐民毒施人鬼加其細政苛慘科防
可設罾繳充蹊坑穽塞路歷觀古今籍
所載貪殘虐烈無道
之臣於操為甚之也
袁氏敗琳歸太々
祖々謂曰卿昔為本初移書但可罪狀
孤而已惡々止其身何乃上及父祖耶
琳謝罪
文士傳稱琳謝曰楚漢未分蒯
通進策於韓信乾時之戰管仲
肆力於子糾唯欲效計其主取禍一時
故路之客可使刺由桀之犬可使吠堯
也今明公必能進賢於忿後弃愚於愛
前四方革命而英豪宅心矣唯明公裁
之太祖愛才
而不咎之也
太祖以琳為軍謀祭酒管

【第十三紙】

之太祖愛才而不罪之也太祖以琳為軍謀祭酒管記室

衛覬字伯儒河東安邑人也為尚書明帝即位百姓凋遷而役務方殷覬上疏曰夫變情厲性強所不能人臣言之既不易人主受之又艱難且人之所樂者富貴榮顯也所惡者貧賤死亡也然此四者君上之所制君愛之則富貴顯榮君惡之則貧賤死亡順指者愛所由來

君惡之則貧賤死亡順指者愛所由来也逆意者惡所從至也故人臣皆爭順指而避逆意非破家爲國殺身成君者誰能犯顏色觸忌諱一言開一說哉陛下留意察之則臣下之情可見矣今議者多好悅耳其言治則比陛下於堯舜其言征伐則比二虜於狸鼠臣以爲不然漢文之時諸侯強大賈誼累息以爲至危況今四海之內分而爲三羣士陳

至危況今四海之内分而為三羣士陳力各為其主是與六国分治無以為異也當今千里無烟遺民困苦陛下不善留意将遂凋弊難可復振礼天子之器必有金玉之餝飲食之肴必有八珍之味至於凶荒則徹膳降服降服然奢儉之節必視世之豊约也武帝之時後宮食不過一内衣不用錦繡茵蓐不糸飾器物無丹漆用能平定天下遺福子孫

【第十四紙】

器物無丹漆用能平定天下遺福子孫此皆陛下之所親覽也當今之務宜君臣上下量入為出深思句踐滋民之術由恐不而尚方所造金銀之物漸更增廣後靡日崇帑藏日竭昔漢武信神仙之道謂當得雲表之露以飡玉屑故立仙掌以承高露陛下至通每所非笑漢武有求於露而由尚見非陛下無求於露而空設之不益於好而靡費功夫誠

露而空設之不益於好而靡貴功夫誠
皆聖慮所宜裁制也
劉廣字恭嗣南陽安衆人也為五官将
文學魏諷反廣弟偉為諷所引當相坐
誅太祖令曰叔向不坐弟虎古之制也
特原不問廣別傳載廣表論治道曰昔周有乱臣十人有婦人焉孔
子稱才難不其然乎明賢者難得也况乱弊之後百姓彫盡士之孝者蓋亦無
幾其肱股大職及至渊郡督司邊方重任雖備其官亦未得其人也此非選者
之不用意蓋才遺使之然耳况長史已下羣職小位皆能簡練備得其人乎其

之不用意蓋才遺使之然耳況長吏已下羣職小位皆能簡練備得其人乎其計莫如務之以法也不爾而數轉易往来不已送迎之煩不可勝計轉易之閒轉有姦巧既於事不省為政者亦以其不得久安之故知患益不得成於己而苟且之可免於患皆將不念盡心於恤民而夢想於卒譽此非所以為政之本意也今之所為黜陟者近頗以州郡之毀譽聽往来之浮非皆得其事實而課其能否也長吏之所以為往者奉法也憂公也恤民也此三事者或州郡有所不使往来者有所不安而長吏執之不已於治雖得計其聲譽未為美闕而從

【第十五紙】

人於治雖失計其聲譽必集也長吏皆知黜陟之在於此也亦何能不去本而就未哉以為長吏皆宜使小久足使自展歲課能否三年總計乃加黜陟課之皆

就未敢以為長吏皆宜使小久足使自展歲課能否三年惣計乃加黜課之皆當以事不得依名也事者皆以其戶口率其墾田之多少及盜賊發興民之亡叛者為得負之計如此行之則無能之吏脩名無益有能之人無名無損法之壹行雖無部司之監姦譽忘毀可得而盡也事上大祖甚善之也

陳羣字長文潁川人也為司空錄尚書事青龍中營治宮室百姓失農時群上疏曰禹承唐虞之盛猶卑宮而惡衣服況今喪亂之後人民至少吳蜀未滅社稷不安今舍此急而先宮室臣懼百姓

稷不安今舍此急而先宮室臣懼百姓遂困將何以應敵此安危之機也唯陛下慮之帝答曰王者宮室亦宜並立之後但當罷守耳豈可復興役耶是故君之職蕭何之大略也郡反曰昔漢祖唯與項羽爭天下羽已滅宮室燒楚是以蕭何建武庫太倉皆是急要然猶非壯麗今二虜未平誠不宜與古同也夫人之所欲莫不有辭況乃天下莫之敢

人之所欲莫不有辭况乃天下莫之敢違前欲懷武庫謂不可不壞也後欲置之謂不可壞也若必作之固非臣下辭

【第十六紙】

言所屈若少留神卓然廻意亦非臣下之所及也漢明帝欲起德陽殿鍾離意諫即用其言後乃復作之殿成謂羣臣曰鍾離尚書在不得成此殿也夫王者豈憚一臣蓋爲百姓也今臣曾不能少凝聖意不及意遠矣帝於是有所減省

疑聖意不及意遠矣帝於是有所減省陳矯字季弼廣陵人也遷尚書令帝嘗卒至尚書門矯跪問帝曰陛下欲之曰欲安行文書耳矯曰此自臣職分非陛下所宜臨也臣若不稱其職則請就黜退陛下宜還帝慙迴車而反其高直如此

盧毓字子家涿人也青龍中入為侍々中々高堂隆數以宮室事切諫帝不悅

中〻高堂隆數以宮室事切諫帝不悅
毓進曰臣聞君明則臣直古之聖恐
不聞其過故有敢諫之鼓近臣盡規此
乃臣等所以不及隆〻諸生名為狂直
陛下宜容之為吏部尚書前此諸葛誕
等馳名譽有四窓八達之謡帝深疾之
時舉中書郎詔曰得其人與不在盧生
耳選舉莫取有名〻如畫地作餅不可

【第十七紙】

啖毓對曰名不足以致異人而可以得

嗟歎對曰名不足以致異人而可以得常士常士畏教慕善然後有名非所當疾也愚臣既不足以識異又主者正以循名案常為職但當有以驗其後故古者敷奏以言明試以功常納言「和洽字陽士汝南人也為丞相掾屬時毛玠崔琰並以忠清幹事其選用先尚儉節洽言曰天下大器在位與人不可以一節儉也儉素過中自以處身則以此格物

儉也儉素過中自以處身則以此格物所失或多今朝廷之議吏著新衣乘好車者謂之不清形容不飾衣裘弊壞謂之廉潔至令士大夫故汙辱其衣藏其輿服朝府〻大〻夫〻大吏或自挈壺飧以入官寺夫立教觀俗貴處中庸為可繼也今崇一槩難堪之行以檢殊塗勉而為之心有疲瘁古之大教務在通人情而凡激詭之行則容隱偽矣孫盛曰夫

【第十八紙】

人情而凡激詭之行則容隱僞矣孫盛曰夫
矯枉過正則巧僞滋生以剋訓下則民志險隘非聖王所以陶化萬物閑邪存
誠之道和洽之言於是无矣爲侍中後有白毛玠謗
毀太祖太祖見近臣怒甚洽陳玠素行
有本求案實其事罷朝太祖令曰今言
事者白玠不但謗吾也乃復爲崔琰觖
此損君臣恩義妄爲死友怨歎殆不可
忍也和侍中比求實之所以不聽欲重
參之耳洽對曰如言玠罪過深重非天

衆之耳洽對曰如言玢罪過深重非天地所覆載臣非敢曲玢以枉大倫也以玢出羣吏之中特見狀擢顯在首職歷年荷寵剛直忠公爲衆所憚不宜有此然人情難保要宜考核兩驗其聖恩垂含垢之仁不忍致之于理更使曲直之分不明疑自近始太祖曰所以不考欲兩全玢及言事者耳洽對曰玢信有謗主之言當肆之朝市朝若玢無此言事

主之言當肆之朝市朝若珎無此言事
者加誣大臣以誤主聽二者不加檢按
臣竊不安太祖曰方有軍事安可受人
言便考之耶轉為太常清貧守約至賣
田宅以自給明帝聞之加賜穀帛
杜襲字子緒潁川人也為侍中將軍許
遊擁部曲不附太祖有慢言太祖大怒
【第十九紙】
先欲討之羣臣多諫可招懷遊共討彊
敵太祖横刀於膝作色不聽襲入欲諫

歙太祖擴刀於脥作色不聽襲入欲諫太祖逆謂之曰吾計已定卿勿復言之襲曰若殿下計是耶臣方共殿下成之若殿下計非耶雖成宜敗之殿下逆臣令勿言何待下之不闡乎太祖曰許遊漫吾如何可置乎襲曰殿下謂許遊何如人耶太祖曰夫唯賢知賢唯聖知聖凡人安能知非凡人聖方今豺狼當路而狐狸是先人將謂殿下避彊政弱進不為勇

是先人将謂殿下避彊政猶進不為異
退不為仁臣聞千石之弩不為鼷鼠發
機萬鈞文鍾不以莛撞起音今區々之
許遊何足以勞神哉太祖曰善遂厚撫
遊々即歸服
高柔字文惠陳留人拜丞相理曹掾時
置校事盧洪趙達等使察群下柔諫曰
設官分職各有所司置校事既非居上
信下之指又達等數以憎愛擅作威福

【第二十紙】

信下之指又達等數以憎愛擅作威福宜檢治之太祖曰卿知達等恐不如吾也要能刺舉而辯衆事使賢人君子爲之則不能昔叔孫通用羣盜良有以也達等後姦利發太祖殺之謝於衆文帝踐祚轉治書執法時人間數有誹謗妖言帝疾之有妖言輙殺而賞告者柔上疏曰今妖言者必戮告之者輙賞既使過誤無反善之路又將開凶狡之群相

過誤無反善之路又將開凶狡之群相誣罔之漸誠非所以息姦省訟緝熙治道也昔周公作誥稱殷之祖宗咸不顧小人之怨在漢太宗亦除妖言誹謗之令臣愚以為宜除妖謗賞告之法以隆天父養物之仁帝不即從而相誣告者滋甚帝乃下詔敢以誹謗相告以所告罪罪之於是遂絕遷廷尉時獵法甚峻而典農劉龜竊於禁內射兔其功曹張

【第二十一紙】

而典農劉龜竊於禁內射兎其功曹張
京詣校事言之帝匿京名收龜付獄柔
表請告者名大怒曰劉龜當死乃敢獵
吾禁地送龜廷尉廷尉便當考掠何復
請告者主名吾豈妄收龜耶柔曰廷尉
天下之平也安得以至尊喜怒而毀法
乎重復以爲奏辭指深切帝意寤乃下
京名即還訊各當其罪
辛毗字佐治潁川人也文帝踐祚遷侍

辛毗字佐治潁川人也文帝踐祚遷侍中帝欲徙冀州士家十万户實河南時連蝗民飢羣司以為不可而帝意甚盛毗與朝臣俱求見帝知其欲諫作以色見皆莫敢言毗曰陛下欲徙士家其計安出帝曰卿謂我徙之非耶毗曰誠以為非帝曰吾不與卿共議毗曰陛下不以臣不肖置之左右廁之謀議之官安得不與臣議也臣所云非私也乃社稷

得不與臣議也臣所云非私也乃社稷之憂容得怒臣帝不荅起入内毗隨而引其裾帝遂奮衣不還良久乃出曰佐治卿持我何太急耶毗曰今徒既失人心又無以食也帝遂徒其半嘗從帝射雉帝曰射雉樂哉毗曰於陛下甚樂於羣下甚苦帝默然後遂為之希出明帝即位時中書監劉放令孫資見信於主制斷察政太臣莫不交好而毗不與往

【第二十二紙】

制斷密政太臣莫不交好而毗不與往来略子敞諫曰今劉孫用事衆皆影附大人冝小降意和光同塵不然必有謗言略正色曰主上雖未稱聦明不為闇劣吾之身自有本末就劉孫不平不過令吾不作三公而已何危害之有焉豈有大丈夫欲為公而毀其高節者耶冗従僕射畢軌表言尚書僕射王思精勤舊吏忠亮計略不如辛略〻冝代思帝

舊吏忠亮計略不如辛略〻宜代思帝
以訪放〻資〻對曰陛下用思者誠欲
取其效力不貴虛名也毗實高直然性
剛踈而專聖慮所當深也遂不用出為

衛尉

楊阜字義山天水人也為將作大匠時
初治宮室發美女充後庭數出入弋獵
阜上疏曰陛下奉武皇帝開拓之大守
文皇帝克終之緒誠宜思齊往古聖賢

【第二十三紙】

文皇帝克終之緒誠宜思齊往古聖賢
之善治惣觀季世放蕩之惡政所謂善
治者務儉約重民力也所謂惡政者縱
心恣欲觸情而發也惟陛下稽古世代
之物所以明〻赫〻及季世所以衰弱
至乎泯滅近覽漢末之變足以動心識
懼矣曩使桓靈不廢高祖之法文景之
恭儉太祖雖有神武於何所施其能耶
而陛下何由處斯尊哉今吳蜀未定軍

而陛下何由處斯尊哉今吴蜀未定軍旅在外願陛下動則三思慮而後行重慎出入以往鑒来言之若輕成敗甚重詔報曰閒得察表先陳往古明王聖主以諷闇政切至之辞款誠篤實將順匡救備矣悉矣覧思昔言吾甚喜之遷少府後詔大議政治之不便於民者异議以爲致治在於任賢興国在於務農若舍賢而任所私此忌治之甚也廣開宮

舍賢而任所私此忘治之甚也廣開宮館高為臺榭以妨民務此害農之甚者也百工不敦其器而競作奇巧以合上欲此傷本之甚者也孔子曰苛政甚於猛虎今守功文吏為政不通治體苟好煩苛此乱民之甚者也當今之為宜去四甚帝既新作許昌宮又營洛陽宮殿觀閣阜上䟽曰古之聖帝明王未有極宮室之高麗以彫弊百姓之財力者也

【第二十四紙】

宮室之高麗以彫弊百姓之財力者也桀作琁室象廊紂為傾室鹿臺以喪其社稷楚靈以築章華而身受其禍秦始皇作阿房而殃及其子二世而滅夫不度万人之力以從耳目之欲未有不亡者陛下當以堯舜禹湯文武為法則夏桀殷紂楚靈秦皇為深誡巍巍之大業猶恐失之不夙夜敬止允恭恤民而乃自逸唯宮室是侈是飾必有顛覆危亡之

逸唯宮室是侈是飾必有顛覆危亡之禍方今二虜合從謀危宗廟十万之軍東西奔赴邊境無一日之娛農夫廢業民有飢色陛下不是為憂而營作宮室無有已時君作元首臣為股肱存亡一體得失同之臣雖駑怯敢忘爭臣之義言不切至不足以感悟陛下〻〻不察臣言恐皇祖烈考之作將墜于地使臣身死有萬一則死之日猶生之年也奏御

死有萬一則死之日猶生之年也奏御

天子感其忠言手筆詔荅

高堂隆字升平泰山人也為散騎常侍

青龍中大治殿舍西取長安大鍾隆上

疏曰昔周景王不儀文武之明悳忽公

旦之聖制既鑄大錢又作大鍾單穆公

諫而不聽泠州鳩對曰而不從遂迷不

【第二十五紙】

反周悳以衰良史記焉以為永鑒然今

之小人好說秦漢之奢靡以蕩聖心求

之小人好說秦漢之奢靡以蕩聖心求取亡国不度之器勞役費損以傷悳政非所以興礼樂之和保神之休也是日帝幸上方隆與下蘭從帝以隆表授蘭使難隆曰興衰在政樂何為也化之不明豈鍾之罪隆對曰夫礼樂者為治之大本也故簫韶九成鳳皇来儀雷鼓六變天神以降政是以平刑是以措和之至也新聲發響商辛以隕大鑄既鑄周

至也新聲發響高辛以殞大鑄既鑄周景以斃存亡之機恒由此作安在廢興之不階也君舉必書古之道也作而不法何以示後帝稱善遷侍中猶領太史令崇華殿灾問隆此何咎於礼寧有所禳之義乎對曰夫灾變之發皆所以明教誡也雖率礼脩悳可以勝之易傳曰上不儉下不節孽火燒其室又曰君高其臺天火為灾此人君苟飾宮室不知

【第二十六紙】

其臺天火為災此人君苟飾宮室不知不知百姓空竭故天應之以旱火從高殿起也上天降鑒故譴告陛下陛下宜增崇大道以荅意陵霄闕始搆有鵲巢其上帝以問隆〻對曰詩云惟鵲有巢惟鳩居之今興宮室而鵲巢之此宮室未成身不得居之象也夫天道無親唯與善人不可不深慮夏商之季皆継體也不欽承上天之明命惟讒諂是從廢息

不欽承上天之明命惟讒諂是從廢惪適欲故其亡也忽焉臣備腹心苟可以繁礼聖躬安存社稷雖灰身破族猶生之年也豈憚忤逆之灾而令陛下不聞至言乎於是帝改容動色帝愈增崇宮殿彫飾觀閣鑿太行之石英采穀城之文石起景陽山於芳林園建昭陽殿於太極之北鑄作黃龍鳳鳥奇偉之獸飾陵雲臺陵霄闕百役繁興作者万數公

【第二十七紙】

陵雲臺陵霄闕百役繁興作者万數公
卿以下至於學生莫不展力帝乃躬自
掘土以率之而遼東不朝悼皇后崩天
作淫雨冀州水出漂沒民物隆上疏切
諫曰昔在伊唐洪水滔天災眚之甚過
於彼力役之興莫久於此堯舜君臣南
面而已禹敷九州庶士庸勳各有等差
君子小人物有服章今無若時之急而
使公卿大夫並與廝徒共供事役聞之

使公卿大夫並與廝徒共供事役聞之四夷非嘉聲也乘之竹帛非令名也是以古先哲王上畏天之明命矜〻業〻惟有違災異既發懼而脩政未有不延期流祚者也爰暨末葉闇君荒主不崇先王之令軌不納正士之直言以遂其情志輕忽變戒未有不至於顛覆者也秦始皇不築道德之基而築阿房之宮不憂蕭墻之變而脩長城之役當其君

不憂蕭墻之變而脩長城之役當其君臣為此計也亦欲立萬世之業使子孫長有天下豈意一朝匹夫大呼而天下傾覆哉故臣以為使先代之君知其所行必將至於敗則弗為之矣是以亡国之主自謂不亡然後至於亡賢聖之君自謂將亡然後至於不亡昔漢文帝稱為賢主躬約儉恵下養民而賈誼方之以為天下倒懸可為痛坐者一可為

以為天下倒懸可為痛坐者一十可為流涕者二可為長歎息者六况今天下彫弊民無儋石之儲国無終年之福外有彊敵六軍曝邊内興土功州郡騷動若有寇警則臣懼板築之士不能授命

【第二十八紙】

虜遅矣又将吏奉禄稍見折減方之於昔五分居一禄賜穀帛人主之所以惠養吏民而為之司命者也若今有廢是棄其命既之而又之此生患之府也今

棄其命既之而又之此生惡之府也今
陛下所與共坐廊廟治天下者非三司
九列則臺閣近臣皆腹心造膝宜在無
諱若見豐省而不敢以告從命奔走唯
恐不勝是則具臣非鯁輔也昔李斯教
秦二世曰為人主而不恣欲命之曰天
下桎二世用之秦以覆斯亦滅族是以
史遷其不正諫而為世誡書奏帝覽焉
謂中書監令曰觀隆此奏使朕懼哉隆

【第二十九紙】

謂中書監令曰觀隆此奏使朕懼哉隆
寢疾篤口占上疏曰臣常疾世主莫不
思紹堯舜湯武之治而踵蹈桀紂幽厲
之跡莫不嗤笑季世惑亂亡国之主而
不登踐虞夏殷周之軌悲夫尋觀三代
之有天下聖賢相承歷載數百尺士莫
非有一民莫非其臣癸辛之徒恃其旅
力智足以拒諫才足以飾非諂諛是尚
臺觀是崇淫樂是好倡優是悦上天不

臺觀是崇淫樂是好倡優是悅上天不蠲眷然迴顧宗国為墟天子之尊湯武有之豈伊異人皆明王之胄也且當六国之時天下殽熾秦既兼之不脩聖道乃構阿房之宮築長城之守矜夸中国威服百蠻天下震竦道路以目自謂本枝百世永垂洪暉豈悟二世而滅社稷崩地哉臣觀黄初之際異類之鳥育長燕巢口爪句赤此魏室之大異也宜防

燕巢口爪句赤此魏室之大異也宜防鷹之臣於蕭墻之內可選諸王使軍国典兵往〻基跱鎮撫皇基翼高帝室昔周之東遷晉鄭是依漢呂之亂實賴朱虛斯蓋前代之明鑒也夫皇天無親唯悳是輔民詠悳政則延期歷下有怨歎則掇錄授能由此觀之則天下之天下也臣百疾所鍾氣力稍微輒自扶輿出還舍若遂沉淪魂而有知結草以報

【第三十紙】

還舍若遂沉淪魂而有知結草以報

田豫字国讓漁陽人也爲護烏丸校尉

魏畧曰鮮卑素利等數来客見多以牛馬遺豫〻輙送官胡乃密懷金卅斤謂豫曰我見公貧故前後遺公牛馬公輙送官今密以此上公可以爲家資豫張袖受之荅其厚意胡去之後皆悉付外於是詔褒之曰昔魏絳開懷以納戎今卿舉神以受狄朕甚嘉焉乃賜青緾五百疋也

徐邈字景山燕国人也爲涼州刺史西域流通荒戎入貢皆邈勳也賞賜皆散與將士無入家者妻子衣食不充天子

與將士無入家者妻子衣食不充天子
聞而嘉之隨時供給其家彈邪繩枉州
界肅清嘉平六年朝廷追思清節之士
詔曰夫顯賢表德聖王所重舉善而教
仲尼所美故司空徐邈征東將軍胡質
衛尉田豫皆服職前朝歷事四世出統
戎馬入讚庶事忠清在公憂國忘私不
營産業身沒之後家無餘財朕甚嘉之
其賜邈等家穀二千斛錢卅萬布告天

【第三十一紙】

其賜邈等家穀二千斛錢卅萬布告天下

王祖字文舒太原人也為兖州刺史為兄子及子作名字皆依謙實以見其意故兄子默字處沆字處道其子渾字玄沖深字道沖遂書戒之曰夫為人子之道莫大於寶身全行以顯父母此三者人知其善而或危身破家陥於滅亡之禍者何也由所祖習非其道也夫孝敬

禍者何也由所祖習非其道也夫孝敬仁義百行之首而立身之本也孝敬則宗族安之仁義則鄉黨重之此成於內名著於外者矣苟不篤於至行而背本逐末以陷浮華焉以成朋黨焉浮華則有虛偽之累朋黨則有彼之患此二者之或昭然者明而循覆車滋衆逐末彌甚皆由或當時之譽昧目前之利故也夫富貴聲名人情所樂而君子或得而

夫冨貴聲名人情所樂而君子或得而不處何也惡不由其道耳患人知進而不知退知欲而不知足故有困辱之累悔吝之咎語曰不知足則失所欲故知足之足常足矣覽往事之成敗察將來之吉凶未有干名要利欲而不厭能保世持家永全福祿者也欲使汝曹立身行己遵儒者之教履道家之言故以玄默沖虛為名欲使汝曹顧名思義不敢

【第三十二紙】

黙沖虚為名欲使汝曹領名思義不敢違越也古者盤盂有銘凡杖有誡俯仰察焉用無過行況在己名可不戒之哉

夫物速成則疾亡晩就善終朝華之草夕而零落松栢之茂隆寒是以大雅君子惡速成戒闕黨也若范匃對秦客而武子擊之折其委笄惡其掩人也夫人有善鮮不自伐有能寡不自矜伐則掩人矜則陵掩人者亦掩之陵人者人亦

人矜則陵掩人者亦掩之陵人者人亦陵之故三郤爲戮於晉王叔負罪於周不唯矜善自伐好爭之咎乎故君子不自稱非以讓人惡其善人也夫能屈以爲伸讓以爲得弱以爲強鮮不遂矣夫毀譽愛惡之原而禍福之機也是以聖人愼之孔子曰吾之於人誰毀誰譽必所試以聖人之悳猶尚如此況庸庸之徒而輕毀譽者哉昔伏波將軍馬援戒

徒而輕毀譽者哉昔伏波將軍馬援戒
其兄子言聞人之惡當如聞父母之名
耳可得聞口不可得道也斯誡至矣人
或毀己當退而求之於身若己有可毀
之行則彼言當矣若己無可毀之行則
彼言妄矣當則无怨於彼妄則无害於
【第三十三紙】
身又何反報焉且聞人毀己而忿者惡
醜聲之加人也報者滋甚不如默自脩
也諺曰救寒莫如重裘止謗莫如自脩

也諺曰救寒莫如重裘止謗莫如自脩斯言信矣若與是非之士凶險之人近猶不可況與對挍乎其害深矣可不慎與吾與吾與時人從事雖出處不同然各有所取穎川郭伯益好尚通達敏而有智然其為人弘曠不足輕貴有餘得其人也重之如山不得其人忽之如草吾以所知親之昵之不願兒子為之北海徐偉長不治名高不求苟得澹然自

海徐偉長不治名高不求苟得澹然自守唯道是務其有所是非則託古人以見其當時無所褒貶吾敬之重之願兒子師之樂安任昭先淳粹履道內敏外恕處不避洿怯而義勇吾友之善之願兒子之遵若刈而申之觸類而長之汝其庶幾舉一隅耳及其則先九族其施舍務周急其出入在故老其議論貴無貶其進仕尚忠節其取人務道實其處

【第三十四紙】

貽其進仕尚忠節其取人務道實其處
勢戒驕淫其貧賤慎無戚其進退念合
宜其行事加九思如此而已吾後何憂
哉
鍾會字士季潁川人也司馬文王欲圖
蜀以會〔為〕鎮西將軍從駱谷入姜維等悉
降會詔以會為司徒會內有異志因鄧
艾承制專事密自艾有反狀世語曰會善効人書
於劍閣要艾章表白事皆易其言令辭指悖傲多自矜伐也於是檻

於鈎閣要艾章表白事皆易其
言令辞指倨傲多自矜伐也於是檻
車徵艾既禽而會總大衆威震西土自
謂功名蓋世不可復為人下遂謀反諸
軍兵殺會漢晉春秋曰文王聞鍾功青
向雄之收葬會也召而責之
曰往王經之死卿哭於東市而我不問
也今鍾會躬為叛逆而輒收葬若復相
容其如王法何雄曰昔先王掩骼埋胔
仁流朽骨當時豈先卜其功罪而後收葬
哉今王誅既加於法已備雄感義收葬
教亦無闕法立於上教弘於下以此訓
物雄曰可矣何必使雄背死違生以立
於時殿下讎對枯骨捐之中野百歲之
後為臧獲所笑豈人賢所掩哉王悅之
與宴談而遣之習鑿齒曰向伯茂可謂

後為賊獲所筴豈人賢所掩哉王悅之
興宴談而遣之習鑿齒曰向伯茂可謂
勇於蹈義動明主彼背忠烈奮劍知死
而往非存生也畢其養奉死之心可以
見事生之情覽至忠貞之節之以愧
背義之士矣王加禮而遣可謂明矣

群書治要卷第廿六

廿七
圖書寮
番號 117
冊數 48
函號 特 3

【第一紙】

群書治要卷第廿七

秘書監鉅鹿男臣魏徵等奉勅撰

蜀志　呉志上

劉璋字季玉江夏人也為益州刺史聞曹公征荊州遣別駕張松詣曹公公時已定荊州走先主不復存録松松以勸璋自絶漢晉春秋曰張松見曹公公方自矜伐不存録松松歸乃勸璋自絶習鑿齒曰昔齊桓一矜其功而叛者九國曹操暫自驕伐而天下三分皆勤之於數十年之内而棄之於俯仰之頃豈不惜乎是以君子勞謙日昃虛以下人功高而居之以讓勢尊而守之以卑情近於物故雖貴而人不厭其重德洽羣生故

讓

君子勞謙曰處則以下人則高而居之以讓勢尊而守之
以卑情近於物故雖貴而人不厭其重德洽羣生故
業廣而天下愈欲其度夫然故能有富貴保其功業
隆顯當時傳福百世何驕矜之有哉君子是以知曹
操之不能遂蓋天下者也
先主姓劉諱備字玄德涿郡人
也少語言善下人喜怒不形於色為豫
州牧叛曹公劉表郊迎以上賓禮待之益
其兵使屯新野曹公南征表會表卒
子琮請降先主遂將其衆去與曹公戰
於赤壁大破之益州牧劉璋降先主領益
州牧諸葛亮為股肱法正為謀主關羽

【第二紙】

州牧諸葛亮為股肱法正為謀主關羽
張飛馬超為爪牙許靖糜竺簡雍
為賓友及董和黃權李嚴等本璋
之所授用也吳壹費觀等又璋之婚
親也劉巴者宿昔之所忌恨也皆處之
顯任盡其器能有志之士無競勸魏文
帝稱尊號傳聞漢帝見害先主乃發
發喪制服即皇帝位於成都章武三
年病篤託孤於丞相亮於永安宮諸葛亮集載先

【第三紙】

年病篤託孤於丞相亮於永安宮諸葛亮集載先主遺詔勅後主曰疾殆不自濟人年五十不稱夭年已六十有餘何所復恨不復自傷但以卿兄弟為念勉之勿以惡小而為之勿以善小而不為惟賢惟德能服人汝父德薄勿効之吾亡之後汝兄弟父事丞相也評曰先主之弘毅寬厚知人待士蓋有高祖之風英雄之器焉及其舉國託孤於諸葛亮而心神無二誠君臣之至公古今之盛軌也

諸葛亮字孔明琅邪人也每自比於管仲樂毅時人莫之許也唯博陵崔州平潁川徐庶元直與亮

許也唯博陵崔州平潁川徐庶元直與亮
友善謂為信然時先主屯新野徐庶見先主
【第四紙】
先主器之謂先主曰諸葛孔明者卧龍也
將軍豈願見之乎先主遂詣亮凡三往是與
亮情好日密關羽張飛等不悅先主解之曰
孤之有孔明猶魚之有水也願諸君勿復言
羽飛乃已成都平以亮為軍師將軍先主
外出亮常鎮守成都足食足兵先主即帝
【第五紙】
位策亮為丞相錄尚書事先主病篤召亮

【第五紙】

佐策亮爲丞相録尚書事先主病篤召亮
屬以後事謂亮曰君才十倍曹丕必能安
國終定大事若嗣子可輔輔之如其不
才君可自取亮涕泣曰臣敢竭股肱之
力効忠貞之節繼之以死先主又爲詔
勅後主汝與丞相從事事之如父建興
十二年亮悉大衆由斜谷出據武功五
丈原與司馬宣王對於渭南分兵屯田
耕者雜於渭濱居民之間而百姓安堵

【第六紙】

耕者雜於渭濱居民之間而百姓安堵
軍無私焉相持百餘日亮病卒於軍初亮
自表後主曰成都有桑八百根薄田十五
頃子弟衣食自有餘饒至於臣在外任
無別調度隨身衣食悉仰於官若死之
日不使内有餘帛外有贏財以負陛下
及卒如其所言

漢晉春秋曰樊建爲給事中
晉武帝問諸葛亮之治建對
曰聞善以改而不矜過賞罰之信足感神明帝曰
善哉使我得此人以自輔豈有今日之勞乎建稽
首曰臣竊聞天下之論皆謂劉艾見枉陛
下知而不理此豈馮唐所謂雖得頗牧而

首曰臣竊聞天下之論皆謂劉芝見枉陛下知而不理此豈馮唐所謂雖得頗牧而不能用者乎帝笑曰吾乃欲明之詳曰卿言起我意於是發詔理芝焉

諸葛亮之為國也撫百姓示儀軌約官職從權制開誠心布公道盡忠益時者雖讎必賞犯法怠慢者雖親必罰服罪輸情者雖重必釋游辭巧飾者雖輕必戮善無微而不賞惡無纖而不貶事精練物理其本循名責實虛偽不齒終於邦域之內咸畏而愛之刑政雖

【第七紙】

終於邦域之内咸畏而愛之刑政雖
峻而無怨者以其用心平而勸戒明也可
謂識治之良才管蕭之亞匹矣關羽字雲
長河東人也先主合徒衆羽與張飛為之禦
侮先主與二人寢則同牀恩若兄弟而稠
人廣坐侍立終日隨先主周旋不避艱險先主
使羽守下邳曹公東征擒羽以歸拜為偏
將軍禮之甚厚紹遣大將軍顔良攻東
郡太守劉延於白馬曹公使張遼及羽為

郡太守劉延於白馬曹公使張遼及羽爲
先鋒擊之羽望見良麾蓋策馬刺良
於万衆之中斬其首還紹諸將莫能當
者遂解白馬圍曹公表
封羽爲漢壽亭侯初曹公壯羽爲人而
察其無久留之意謂張遼曰卿試以情問
之而遼以問羽羽歎曰吾極知曹公待我
厚然吾受劉將軍恩誓以共死不可背
之吾終不留吾要當立効以報曹公而後
乃歸遼以羽言報曹公曹公義之及羽

【第八紙】

乃歸遼以羽言報曹〻公〻義之及羽殺顏良曹公知其必去也重賞賜羽盡封所賜而奔先主左右欲追之曹公曰彼各為其主勿追之張飛字益德涿郡人也先主攻劉璋飛分定郡縣至江州破璋將嚴顏生獲飛呵顏曰大軍至何以不降而敢拒戰顏荅曰卿等無狀侵奪我州我州但有斷頭將軍無降將軍也飛怒令左右牽去斫頭顏色不變曰斫

怒令左右牽去斫頭顏色不變曰斫
頭便斫頭何為怒耶飛壯而釋之引
為賓客章武元年遷車騎將軍飛雄
壯威猛亞於關羽魏謀臣程昱等咸稱羽
飛万人之敵也羽善待卒伍而驕於士大夫飛
愛君子而不恤小人先主常戒之曰卿
刑殺既過差又日鞭撾健兒而令在
左右此取禍之道也飛猶不悛先主
伐吳飛當率兵万人自閬中會江州臨

【第九紙】

伐呉飛當率兵万人自閬中會江州臨
發其帳下将張達范彊殺飛龐統字
士元襄陽人也郡命為功曹性好人倫
勤於長養毎所稱述多過其才時人怪
問之統荅曰當今天下大亂雅道陵遅
善人少而悪人多方欲興風俗長道業
不美其譚即聲名不足慕也不足慕企
而為善者少矣今拔十失五而得其半
而可以崇邁世教使有志者自勵不亦

而可以崇邁世教使有志者自厲不亦
可乎守耒陽令在縣不治免官吴將魯
肅遺先主書曰龐士元非百里才也使處
治中別駕之任始當展其驥足耳諸葛
亮亦言之於先〻主〻見與善譚大器之
以為治中從事親待亞諸葛亮為流
矢所中卒先主痛惜言則流涕簡雍字憲
和涿郡人也為昭德將軍時天旱禁酒
釀者有刑吏於人家索得釀具論者欲令

釀者有刑吏於家索得釀具論者欲令
與作酒同罰雍從先主遊觀見一男子
行道謂先主彼人欲淫何以不縛先曰卿
何以知之雍對曰彼有淫具與欲釀者
同先主大笑而原欲釀者
董和字幼宰南郡人也先主定蜀與
諸葛亮並署大司馬府事獻可替否共
為歡交死之日家無儋石之財亮後為丞
相教與下曰參署集衆思廣忠益

【第十紙】

相敎與下曰天參署集衆思廣忠益
也若遠小嫌難相違覆廣門損矣違覆
而得猶弃弊蹻而獲玉也然人心苦不
能惟徐元直處茲不惑又董幼宰參
署七年事有不至〻于十反來相啓
告苟能慕元直之十一幼宰之慇懃有
忠於國則亮可少過人曰昔初交州
平屢聞得失後交元直勤見啓誨前
參事於幼宰毎則盡後從事於偉度

參事於幼宰每言則盡後從事於偉度
數有諫止雖姿性鄙闇不能悉納然
與此四子終始好合亦足以明其不疑於
直言也其追思和如此偉度者姓胡
名濟義陽人也為亮主簿有忠盡
之勤故見褒述
允字休昭和子也遷為侍中甚盡匡
救之理後主嚴憚之後主漸長大愛宦
人黃皓皓便侫諂欲自容入允常上

【第十一紙】

人黃皓々々便僻佞諂欲自容入允常上
則正色匡主下則數責於皓々畏允不
敢爲非終允之世皓位不過黃門丞陳
祗代允爲侍中皓互相表裏皓始預政
事祗死後皓從黃門令爲中常侍奉
車都尉操弄威柄終至覆國蜀
人無不追思允張裔字君嗣蜀郡成
都人也亟相亮以爲府長史常稱曰公賞
不遺遠罰不阿近爵不可以無功取刑

不遺遠罰不阿近爵不可以無功取刑
不可以勢貴免此賢愚之所以僉忘其
身者也
黃權字公衡巴西閬中人也州牧劉璋
召為主簿時別駕張松建議宜迎先主
使伐張魯權諫曰左將軍有驍名今請到
欲以部曲遇之則不滿其心欲以賓客禮待
之則一國不容二君若客有泰山之安則
主有主有累卵之危矣璋不聽出權為

主有主有累卵之危矣璋不聽出權為
廣漢長先主遂襲取益州諸縣望風
歸附權閉城堅守須璋稽服乃詣先
〻主〻假權偏將軍先主將東伐吳權
諫曰吳人悍戰又水軍順流進易退
難臣請為先驅以嘗寇陛下宜為後
鎮先主不從以權為鎮北將軍督江北
軍南軍敗績先主引退而道隔權不
得還故率將所領降于魏有司執法

【第十二紙】

得還故率將所領降于魏有司執法
白收權妻子先主曰孤負黄權權不負
孤也待之如初臣松之以為漢武用虚罔之言滅李陵之家劉主拒憲司所執宥
黄權之室二主得失縣邈遠矣魏文帝謂權曰君舍逆効順
欲追蹤陳韓邪權對曰臣過受劉氏厚
遇降吳不可還蜀無路是以歸命且
敗軍之將免死為幸何古人之可慕乎
文帝善之拜鎮南將軍封消陽侯加
侍中使之陪乘先主薨問至魏郡臣

侍中使之陪乘先主薨問至魏郡臣咸賀而權獨不蔣琬字公琰零陵人也隨先主入蜀除廣都長先主嘗因遊觀奄至都衆事不理時又沉醉先主大怒將加罪戮諸葛亮請曰蔣琬社稷之器非百里之才其為政以安民為本不以脩飾為先願公重加察之先主雅敬亮但免官而已亮每言公琰託志忠雅當與吾共贊王室者也密表後主臣若

【第十三紙】

當與吾共贊王室者也察表後主臣若
不幸後事宜以付琬亮卒琬為尚書令
遷大將軍錄尚書事時新喪元帥遠近
危竦琬出類狀萃處郡寮之右既無戚
容又無喜色神守舉止有如平日由是衆
望漸服加大司馬東曹掾楊戲素性簡
略琬與言論時不應荅或稱搆於戲於
琬曰公與戲語而不見應戲之慢上不
亦甚乎琬曰人心不同各如其面面從

亦甚乎琬曰人心不同各如其面々從
後言古之所誡也戲欲贊吾是耶則非
其本心欲反吾言則顯吾之非是以默
然是戲之快也又督農楊敏曾毀琬曰作
事憒誠非前人或以白琬主者請推治
敏琬曰吾實不如前人無可推也主
者重據問其憒々之狀琬曰苟其不
如則事不當理事不當理則憒々矣
復何問耶後敏坐事繫獄衆人猶懼

復何問耶後敏坐事繫獄衆人猶懼

其必死琬心無適莫得免重罪

楊戲字文然犍為人也為射聲校尉著

季漢輔臣贊其注載諸葛亮與張裔蔣琬書曰

掾屬喪楊顒為朝中多損矣襄陽記曰

楊顒字子昭為丞相諸葛亮主簿亮嘗自校簿書顒直

入諫曰為治有體上下不可相侵請為明公以作家譬

之今有人於此使奴執耕稼婢典炊爨雞主司晨犬主欲

盜牛負重載馬涉遠路私業無曠所求皆足雍容高枕

飲食而已忽一旦盡欲以身親其役不復付任勞其體

力為此碎務形疲神困終無一成豈其智之不如奴婢雞

狗哉失為家主之法也是故古人稱坐而論道謂之三公

作而行之謂之士大夫故丙吉不問橫道死人而憂牛喘陳

平不肯知錢穀之數云自有主者彼誠達於位分之體也今明

公為治乃躬自校簿書流汗竟日不亦勞乎亮謝之又載

【第十四紙】

乎不肯知錢穀之數云自有主者彼誠達於位分之體也今明
公為治乃躬自挍簿書流汗竟日不亦勞乎亮謝之又載
義陽傅肜先主退軍斷後拒戰兵人死盡吳將語肜令
降肜罵曰吳狗何有漢將軍降者遂戰死子僉為關
督景耀六年又臨危授命蜀記載晉武帝詔曰
蜀將傅僉前在關城身拒官軍致死不顧僉父肜
劉備戰亡天下之善一也豈由彼此
以為異僉息著募沒入奚官免為庶人

吳志

孫權字仲謀吳郡人策弟也策薨以事
授權權待張昭以師傅之禮而周瑜程
普呂範等為將率招延俊秀聘求名
士魯肅諸葛瑾等始為賓客分部諸將鎮

士魯肅諸葛瑾等始為賓客分部諸將鎮
撫山越討不從命赤烏元年初權任信
校事呂壹壹性苛慘用法深刻太子登
數諫權不納大臣由是莫敢言壹姦
罪發露伏誅權引咎責躬乃使中書郎
袁禮告謝諸將因問時事所當損益
孫休字子烈權第六子也弟亮廢孫綝
使迎休改元永安以丞相濮陽興及右將
軍張布有舊恩委之以事布典宮省興

【第十五紙】

軍張布有舊恩委之以事布典宮省興關軍國休銳意於典籍欲與韋曜盛沖講論道藝曜沖素皆切直布恐入侍發其陰失令己不得專因妄飾說以拒遏之休答曰孤之涉學所見不少其明君闇主姦臣賊子成敗之事無不覽也今曜等入但欲與講論書耳不為從曜等始更受學也縱復如此亦何損君特當以曜等恐道臣下姦變之事以此不欲令入耳布得詔陳謝

新變之事以此不欲令入耳布得詔陳謝
重自序述又言懼妨政事休答曰書籍
之事患人不好好之無傷也此無所為非
而君以為不宜是以孤有所及耳王務
學業其流各異不相妨也不圖君今日在
事更行此於孤也良甚不取布拜表叩
頭休答曰聊相開悟耳何至叩頭乎如君之
忠誠遠近所知詩云靡不有初鮮克
有終終之實難君其終之初休為王時

有終之實雖君其終之初休為王時
布為左右將督素見信愛及至踐
祚厚加寵待專擅國勢多行無禮自
嫌疑惶懼沖言之故尤恚忌休雖
解此旨心不能悅更恐其疑懼竟如
意廢其講業不復使沖等入
孫皓字元宗權孫也休薨遂立皓江表傳曰
皓初立發優詔恤士民開倉廩振貧乏科出宮女
以配無妻禽獸擾於苑者皆放之當時翕然稱
為明主矣皓既得志麁暴驕盈多忌諱好酒

【第十六紙】

為明主矣晧既得志麤暴驕盈多忌諱好酒
色大小失望鳳皇二年晧愛妾或使人至
市劫奪百姓財物司市中郎將陳聲素
晧幸臣也繩之以法妾愬晧晧大怒假他事
燒鋸斷聲頭投其身於四望之下天冊
元年會稽太守車浚湘東太守張詠不
出筭民皆在所斬之徇首諸郡江表傳曰浚在公清
忠值郡荒旱民無資糧表求振貸晧謂浚欲樹私恩遣人梟首又尚書熊睦見晧酷虐微有所諫晧使人以刀環撞
殺之身無完肌三年晉命杜預向江陵王濬唐

殺之，身無完肌。三年，晉命杜預向江陵，王濬唐
彬浮江東下。初晧每宴會群臣，無
不咸令沉醉。置黃門郎十人，特不與
酒，侍立終日，為司過之吏。宴罷之後，各
奏其闕失，迕視之謬，言語之愆，罔有不
舉。大者即加威刑，小者輒以為罪。後宮千
數，而采擇無已。又激水入宮，宮人有不合
意者，輒殺流之。或剝人之面，或鑿人
之眼。岑昏險諛貴幸，致位九列，好興功

【第十七紙】

之眼卒皆陰詖貴幸致位九列好興功
夫衆所患苦是以上下離心莫爲盡力盖
積惡已埶不復堪命故也四年濬椒所
至則土崩瓦解晧奉書降濬
張昭字子布彭城人也孫策創業命
昭爲長史升堂拜母如比肩之舊文武之
事一以委昭每得此方士大夫書疏專歸
美於昭〻欲嘿而不宣則懼有私宣
之則恐非宜進退不安策聞之歡笑

之則恐非宜也進退不安策聞之歡笑
曰昔管子相齊一則仲父二則仲父而
桓公
為霸者宗今子布賢我能用之其功名
獨不在我乎策臨亡以弟權託昭昭率群
僚立而輔之權每田獵常乘馬射虎虎
常突前攀持馬鞍昭變色而前曰將軍
何有當尒夫為人君者謂能駕御英雄
驅使群賢豈謂馳逐於原野校勇於猛

驅使群賢豈謂驅逐於原野校勇於猛
獸者乎如有一旦之患奈天下笑何權謝昭
曰年少慮事不遠
權於武昌臨釣臺飲酒大醉權使人以水灑群
臣曰今日酣飲惟醉墮臺中乃當止耳昭
正色不言出外車中坐權遣人呼昭還謂
曰為共作樂耳公何為怒乎昭對曰昔紂為
糟丘酒池長夜之飲當時亦以為樂不以
為惡也權默然有慚色遂罷酒每朝見
言論辭氣壯厲義形於色曾以直言逆

【第十八紙】

言論辭氣壯厲義形於色曾以直言逆
旨不進見後遣中使勞問因請見昭
〻曰昔太后桓王不以老臣屬陛下而以
陛下屬老臣是以思盡臣節以報厚恩
使泯沒之後有可稱述而意思淺違逆
盛旨自分幽淪長棄溝壑不圖復蒙引
見得奉帷幄然愚臣所以事國志在忠益
畢而已若乃變心易慮以偷榮取容此臣
所不能也權辭謝焉以公孫淵稱藩遣張

所不能也權辭謝焉以公孫淵稱藩遣張
彌許晏至遼東拜淵為燕王昭諫曰淵
背魏懼討遠來求援非本志也若淵改圖
欲自明於魏兩使不反不亦取笑於天下
乎權與相反覆昭意彌切權不能堪案
刀而怒曰吳國士人入宮則拜孤出宮則拜君
孤之敬君亦為至矣而數於衆中折孤孤
嘗恐失計昭孰視權曰臣雖知言不用而
每竭愚忠者誠以太后臨崩呼老臣於牀

【第十九紙】

每竭愚忠者誠以太后臨崩呼老臣於牀下遺詔顧命之言故耳因涕泣橫流權擿刀置地與昭對泣昭容貌矜嚴有威風權常曰孤與張公言不敢妄也舉邦憚之

顧譚字子嘿吳郡人也祖父雍卒代平尚書事是時魯王霸有盛寵與太子和齊衡譚上疏曰臣聞有國有家者必明嫡庶之端異尊卑之禮高下有差階級逾邈如此則骨肉之恩生覬覦之望絕

級踰邈如此則骨肉之恩生覬覦之望絕

昔賈誼陳治安之計論諸侯之勢以爲勢重雖

親必有逆節之累勢輕雖疏必有保全之

祚故淮南親弟不終饗國失之於勢重

也吳芮疏臣傳祚長沙得之於勢輕也

今臣所陳非有偏誠欲以安太子而便魯

王也由是霸與譚有隙

步騭字子山臨淮人也拜驃騎將軍都

督西陵中書呂壹典校文書多所糺舉騭上

督西陵中書呂壹典校文多所糺舉騭上
疏曰伏聞諸典校擿抉細微吹毛求瑕重
案深誣輒欲陷人以成威福無罪無辜
橫受大刑是以吏民跼天蹐地誰不戰
慄昔之獄官惟賢是任故民無怨枉
外秦之衰實由此興今之小長動與古異
獄以賄成輕忽人命歸咎於上為國速怨甚
可仇疾明德慎罰哲人所美自今
蔽獄都下則宜諮顧雍武昌則陸遜

【第二十紙】

聲聞都下則宜諮顧雍武昌則陸遜潘濬平心專意務在得情受罪何恨三臣者還慮不至則已豈敢專擅威福歟其所天乎權亦覺寤遂誅呂壹紘字子綱廣陵人也權以為長史病卒臨困留牋曰自古有國有家者咸欲脩悳平政比隆盛世至於治多不聲〔馨〕香非無忠臣賢佐闇於治體也由主不勝其情不能用耳夫人情憚難而趣易好同而惡

脉肉耳夫人情憚難而趣易好同而惡
異與治道相反傳曰從善如登從惡如
崩言善之難也君奉世之基據自然
之勢操八柄之威甘易同之歡無假取
於人而忠臣挾難進之術述逆甘之言
其不合也不亦宜乎離則有豐巧辯
緣間睽於小忠戀於恩愛賢愚雜錯
長幼失敘其所由來情亂故也 胡明君
寤之求賢如飢渴受諫而不厭抑情損

【第二十一紙】

落之求賢如飢渴受諫而不厭抑情損
欲以義割恩上無偏謬之授下無希冀
之望宜加三思合垢藏疾以成仁覆之
大權省書流涕
呂蒙字子明汝南人也拜虎威將軍關
羽討樊權遣蒙到南郡麋芳降蒙入
據城盡得羽及將士家屬蒙皆撫慰過
於平時故羽吏士闘心皆委羽降荊
州遂定以蒙為南郡守蒙疾發權時

州遂定以蒙為南郡守蒙疷發權時
在公安迎置內殿所以持護者万方莫邦
內有能愈蒙者賜千金時加權為之
惜戚欲數見其顏色又恐其勞動常穿
壁瞻之見其小能下食則喜顧左右言
笑不然則咄唶夜不能寐病中瘳為下赦
令郡臣畢賀後更增篤權自臨視卒權
哀痛甚呂範字子衡汝南人也遷前將
軍初策號使範典主財計權時年

範初策號使範典主財計權時年
少私從有求範必關白不敢專許當
時以此見望權守陽羨長有所私用
策或料覆功曹周谷輒為傅著簿書
使無譴問權臨時悅之及後統事以範忠
誠厚見信任以谷能欺更簿書不用
也　虞翻字仲翔會稽人也孫策命
為功曹待以交友之禮孫權以為騎都尉翻
犯顏諫爭權不能悅又性不協俗多見

【第二十二紙】

犯顏諫爭權不能容人性不協俗多見
謗毀權既爲吳王歡宴之末自起行酒
翻伏地陽醉不持權去翻起坐權於是
大怒手劍欲擊之侍坐莫不惶遽唯大司
農劉基起抱權諫曰大王以三爵後殺
善士雖翻有罪天下孰知之且王以能
容賢畜衆故海內望風今一朝棄之可
乎權曰曹孟德尚殺孔文舉孤於虞翻何有
哉基曰孟德輕害仁士天下非之今大王

哉基曰孟德輕害仁士天下非之今大王
躬行德義欲與堯舜比隆何得自喻於
彼乎翻由是得免權因勅左右自今酒
後言殺皆不得殺翻性疏直數有酒失
權積怨非一遂徙交州張温字惠恕
吳人也容貌奇偉權引見文辭占對
觀者傾竦改權容加礼拜選曹郎尚
書以輔義中郎將使蜀還權陰銜温
稱美蜀政又嫌其聲名大盛衆庶眩

【第二十三紙】

稱美蜀政又嫌其聲名太盛衆庶眩惑恐終不爲己用思以中傷之會暨豔事起遂因此發舉豔字子休亦吴郡人溫引致之以爲選曹郎至尚書豔性情厲好爲清議見時郎署雜濁多非其人欲令臧否區別賢愚異貫彈射百寮覈選三署率皆貶高就下其居位貪鄙志節汙卑者皆以爲軍吏置營府以處之怨憤之聲積浸潤之譖

吏置營府以處之怨憤之聲積浸潤之譖
行競言艷及選曹郎徐彪專用私情憎
愛不由公理艷彪皆坐自殺溫宿與艷彪
同意數交書疏聞問往還即罪權幽之
有司斥還本郡駱統表理溫曰伏惟
陛下天生明惪神啓聖心招髦秀於
四海置俊乂於宮朝多士既受普篤之
恩張溫又蒙最隆之施而溫自招罪譴
孤負榮遇念其如此誠可悲疚然臣周

孤負榮遇念其如此誠可悲疚然臣周
旋人閒為國視聽深知其狀故密陳其理
溫實心無他情事無逆跡但年紀尚少
鎮重尚淺而戴赫烈之寵體卑儉之才
亢臧否之誤制衆聽之議於是務
勢者妒其寵爭名者嫉其才末望者〔莫北反　或作默門〕非
其誤瑕釁者諱其議此臣下所當詳辯
明朝所當究察也　昔賈誼至忠之臣
也漢文大明之君也然而絳灌一言賈

【第二十四紙】

也漢文大明之君也然而絳灌一言賈
誼遠退何者疾之者深譖之者巧也然
而誤聞於天下失彰於後世故孔子曰
為君難為臣不易溫雖智非從橫武非
虓虎然其弘雅之素英秀之德文章之
采論議之辯卓躒冠群煒曄曜世世
未有及之者也論溫才則惜罪可恕若
忍威烈以赦盛德宜宥賢才以敦大業
固明朝之休光四方之麗觀也君臣之義

國明朝之体光四方之聽觀也君臣之義〻之最重朋友之交〻之獨輕者國家不〻嫌與疏為嚴重之義是以溫亦不嫌與疏為獨輕之交恃世寵之於上溫竊親之於下也竊念人君雖有聖哲之姿非常之智然以一人之身御兆民之衆從層宮之内瞰四國之外照群下之情求萬機之理猶未易周也固當聽察群下之言以廣聰明之烈今者人非溫既殷懃臣

以廣聽明之烈今者人非溫既慇懃臣

是溫又契闊辭則俱巧意則俱至各自言

欲為國誰其言欲為私倉卒之間猶難

即別然以殿下之聰叡察講論之曲直若

譖神留思纖粗研核情何嫌而不定事

【第二十五紙】

何昧而不昭哉溫非親臣也臣非愛溫者

也昔之君子皆抑私忿以增君明彼

獨行之於前臣恥廢之於後故遂發宿

【第二十六紙】

懷於今日納愚言於聖聽實盡心於明

懷於今自細思於聖聽實盡心於明
朝非有念於溫身也權終不納駱統字公
緒會稽人也權以為功曹後志存補
察好所聞見夕不待旦常勸以尊賢接
士勤求損益饗食賜之日可人人引進問
其燥溼加以密意誘諭使言察其志趣
令皆感恩戴義懷欲報之心權納用爲
為建中郎將是時徵役繁數重以疫癘
民戶損耗統上疏曰臣聞君國者以據疆

民戶損耗統上疏曰臣聞君國者以據疆
土為強富制威福為尊貴耀德義為榮
顯永世胤為豐祚然財須民生強賴民
力威恃民勢福由民植德俟民茂義以
民行六者既備然後應天受祚保族
宜邦書云眾非后無能胥以寧后非眾
無以辟四方推是言之則民以君安君
以民濟不易之道也今強敵未殄海內未
乂三軍有無已之役江境有不釋之備

【第二十七紙】

又三軍有無已之役江境有不釋之備
徵賦調數由來積紀加以郡縣荒虛田疇
蕪曠聽聞屬城民戶浸寡又多殘老少有
丁夫思尋所由小民無知既有安土重遷
之性且有前後出為兵者生則困苦無
有溫飽死則委棄骸骨不反是以尤用
戀本畏遠同之於死每有徵發居家重累
者則傾居行賂不顧窮盡輕剽者則迸
入險阻黨就群惡百姓虛竭嗷然愁擾

入險阻黨就郡惡百姓虛竭嗷然愁々擾
未々營々業々則致窮々困々則不樂生
故口腹急則姧心動而推乃殺多也國之有多
循水有舟停則以安擾則以危愚而不
可欺弱而不可勝已是以聖王重焉禍
由之故與人消息觀時制政方今長吏
親民之職惟以取辨具為能取過目
前之急少復以恩惠為治覆稱陛下天覆
之仁勤卹之德者官民政俗日以彫弊

【第二十八紙】

之仁勤卹之意者宜民改俗日以彫弊
漸以陵遲勢不可久夫治疾及其未篤
除患貴其未深願陛下少以萬機餘閒
留神思省補復荒虛深圖遠計長毓
之大願足以死而不朽矣權感統言深
加意焉偏將軍數陳便宜前後書數
十上所言皆善朱據字子範吳郡人
也拜左將軍嘉禾中始鑄大錢一當五
百後據部曲應受三萬紙工王遂詐而

百後據部曲應受三萬緡工王遂詐而
受之典校呂壹疑據實取考問主者
死於杖下據哀其無辜厚棺斂之壹
又表據吏爲據隱故厚其殯權數責問
據〻無以自明藉草待罪數月典軍
吏劉助覺言王遂所取權大感寤曰
朱據見枉況吏民乎乃窮治壹罪賞
助百萬

群書治要巻第廿

點校了

直講清原隆重

隆重手跡限表紙書之訖所被付也

以仙洞御本點之而無奥書

但先年點進之卷々或有之

或無之歟

點校了

直講清原隆重

隆重手跡限表紙書之訖而後付也

以仙洞御本點之而無奥書

但先筆點了追卷々或有之

或無之歟

圖書寮
番號 117
冊數 48
函號 特 3

群書治要卷第廿八　秘書監鉅鹿男臣魏徵等奉　勅撰

吳志下

陸遜字伯言吳郡人也為鎮西将軍劉
備大率衆來權命遜為大督拒之備衆
奔潰拜上大将軍右督護遜雖身在外
乃心於国上疏陳時事曰臣以為科法
嚴峻下犯者多頃年以來将吏羅雖不
慎可責然天下未一當圖進取小宜恩

愼可責然天下未一當圖進取小宜恩
貸以安下情且世務曰興良能爲先自
不姧穢入身難忍之過乞復顯用展其
力効此乃聖王忘過記功以成王業也
昔漢高舍陳平之愆用其奇略終建勳
祚功埀千載夫峻法嚴刑非帝王之隆
業有罸無恕非懷遠之弘規也赤烏七
年爲丞相先是二宮並闕中外職司多
遣子弟給侍全琮報遜以爲子苟有才

遣子弟給侍全琮報遜以為子苟有才
不憂不用不宜私出以要榮若其不往
終為取禍且聞二宮勢敵必有彼此々

【第二紙】

古人之厚忌也琮子寄果阿附魯王輕
為交構遜書與琮曰卿不師日磾而宿
留阿寄終為足下門戶致禍矣琮既不
納更以致隙及太子有不安之義遜上
疏陳太子正統宜有盤石之固魯王藩
臣當使寵秩有差彼此得所上下獲安

臣當使寵秩有差彼此得所上下獲安謹叩頭流血以聞書三四上及求詣都欲口論嫡庶之分以匡得失既不聽許而遜外甥顧譚顧承姚信並以親附太子枉見流徙太子太傅吾粲坐數與遜交書下獄死權累遣中使責讓遜憤恚致卒也

子抗字幼節遷立節中郎將權謂曰吾前聽用讒言與汝父大義不篤以此負

前聽用讒言與汝父大義不篤以此負
汝前後所聞一焚滅之莫令人見也孫
晧即位加鎮軍督信陵軍事抗教觀政
令闕時何定弄權閹官與政抗上疏曰
臣聞開國承家小人勿用靖譖庸回唐

【第三紙】

書攸戒是雅人所以怨刺仲尼所為歎
息也春秋已來爰及秦漢傾覆之釁未
有不由斯者也小人所見淺雖使竭情
盡節猶不足任況其姦心素篤而憎愛移

盡猶不足任況其姦心素篤而憎愛移
易哉苟患失之無所不至令委以聰明
之任假以專制之威而冀熙之聲作肅
清之化立不可得也方今見吏殊才雖
少然感冠之書少漸道教或清苦自立
資能是用自可隨才授職抑黜羣小然
後俗化可清廉　無職闕薛瑩徵下
獄抗上疏曰夫後人者國家之良寶社
稷之貴資庶政所以倫敘四門所以穆

禝之貴資庶政所以倫叙四門所以穆
清也故大司農樓玄散騎中常侍王蕃少
府李勖皆當世秀穎一時顯器既蒙初
寵從容列位而並旋受誅殛或圮族替
祀或投弃荒裔蓋周禮有赦賢之辟春
秋有宥善之義書曰與殺不辜寧失不
經而蕃等罪名未定大辟以加心經忠
義身被極刑豈不痛哉且已死之刑固
无所識至乃焚爍流漂弃之水濱懼非

【第四紙】

无所識至乃焚爍流漂弃之水濵懼非先王之垂典或甫侯之所哉也是以百姓哀聳士臣同戚蕃勖永已悔亦靡及誠望陛下赦台〻玄出而湏聞撣瑩卒見逮録瑩父綜納言先帝傅弼文皇及瑩承基内厲名行今之坐罪在可宥臣懼有司未詳其事如復誅戮益失臣望乞垂天恩原赦瑩罪哀矜庶獄清澄刑网則天下幸甚孫登字子高權長子也權

則天下幸甚孫登字子高權長子也權長吳王立登爲太子選置師傅銓簡秀士以爲賓友登或射獵遠良田不踐苗稼至所頓息又擇空閑之地其不欲煩民如此嘗乘馬有彈丸過左右求之有一人操彈佩丸咸以爲是辭對不服從者欲捶之登不聽使求過丸比之類非見釋及失盛水金馬覺得其主左右所爲不忍致罰呼責數之長遣歸家勑親

為不忍致罰呼責數之長遣歸家勑親
近勿言孫和字子孝立為太子帝言當
世士人宜講脩術學挍習射御以周世
務而但交遊博弈以妨事業非進取之
謂後群寮侍宴言及博以為妨事貴曰
而無益於用勞精損思而終所無紀非
所以進德脩業積累功緒也且志之士

【第五紙】

愛日惜力君子慕其大者凡所患者在
於人情不能絶無益之欲以奉德義之

於人情不能絶無益之欲以奉德義之塗弃不急之務以脩功業之基其於名行豈不善哉夫人情猶不能無嬉娛之好在於飲宴琴書射御之閒何必博弈以為歡乃命侍坐者八人各著論以矯之於是中庶子韋曜退而論奏和廣客時蔡穎好弈直事在署者頗效焉以此諷之是後王夫人全公主有隙權常寢疾和祠祭於廟妃叔父張休居近廟下

疾和祠祭於廟妃叔父張休居近廟下
要和過住息全主使人覘因言太子不
在廟中專就妃家計議又言王夫人見
上不平有喜色權由是發怒夫人憂死
和寵稍損懼於廢黜魯王霸覬覦滋甚
陸遜吾粲顧譚等數陳嫡庶之義理不
可奪全寄楊竺等為霸友黨譖愬日興
粲下獄誅譚徒交州權沉吟者歷年殷基通語曰初權既立和為太子而封霸為魯王初拜猶同宮室禮秩未分郡公之

【第六紙】

適詔曰初權既立和為太子而封霸為魯王初拜猶同宮室礼秩未分郡公之議以為太子国王礼秩宜異於是分宮別僚而潔端開矣自侍御賓客造為二端中国疑惑中外官寮将相大臣舉国中分權患之於是有改嗣之規矣也

後遂幽閉和於是驃騎将軍朱據尚書僕射屈晃率諸将吏泥頭自縛連日詣闕請和權甚悪之無難督陳正五營督陳象上書引稱晉獻殺申生立奚齊晉国擾乱又據晃固諫不止權大怒族誅正象羣晃入殿杖百

吳曆曰入曰諫曰太子仁明顯聞四

正象牽晃入殿杖百吳曆曰入口諫曰太子仁明顯聞四
海今三方䟽跱實不宜搖動太子以生衆心願陛下少垂聖慮老臣雖死猶生
之年叩頭流血辭氣不撓諱晃言斥還田里也竟徒和於故鄣
羣司坐誅放者十數衆咸冤之吳書曰權寢疾
意頗感寤欲徵和還立之全公主及孫峻孫弘等固爭乃止也封爲南
陽王遣之長沙諸葛恪被誅孫峻遣使
者賜死舉封傷焉
孫霸字子威和弟也和爲太子霸爲魯
王寵愛崇持與和無殊須之和霸不穆

【第七紙】

王寵愛崇持與和無殊須之和霸不穆
之聲聞於權耳權禁斷往來時全寄吳
安孫奇楊笁等陰共附霸圖危太子譖
毀既行太子以敗霸亦賜死流笁屍于
江陵又誅寄等咸以黨霸搆和故也潘
濬字承明武陵人也權稱尊号拜為少
府江表傳曰權數射雉濬諫權曰相與別後時〻出暫耳不復如往日時也濬曰天下未定万機務多射雉非急弦絶悟破皆能為害乞特為臣故息置之濬出見雉翳故存乃手自徹權由是不復射雉遷太常時按事呂

出見雉翳故存乃手自徹權由是不復射規遷太常時按事呂
壹操弄威柄奏案丞相顧雍左將軍朱
據等皆見禁上濬求朝欲盡辭極諫至
聞太子已數言之而不見從濬乃大請
百寮欲因會手刃殺壹以一身當之為
国除患壹密聞知稱疾不行濬每進見
無不陳壹之姦險由此壹寵漸衰後遂
誅戮權引咎責躬也陸凱字敬風吳郡
人也孫皓立為左丞相時徒都武昌楊

人也孫皓立為左丞相時徒都武昌楊土百姓泝流供給以為患苦又政事多謬黎元窮匱凱上疏曰臣聞有道之君以樂々民無道之君以樂々身樂民者其樂彌長樂身者不久而亡夫民者國之根也誠宜重其食愛其命民安則君安民安則君樂自頃年以來君威傷於桀臣明闇於姦雄君閉於羣孽無災而民命盡無為而國財空辜無罪賞無功

【第八紙】

臣命盡無為而国財空虛無罪賞無功
使君有謬誤之愆天為作妖而諸公卿
媚上以求亞国民以求饒導君於不義
敗政於傒俗臣竊為痛心今鄰国人好
四邊無事當務息役養士實其府庫以
待天時更傾動天心擾擾萬姓使民不
安大小呼嗟此實非保国養民之術也
昔秦所以亡天下者但坐賞輕而罰重
刑政錯亂民力盡於奢侈目眩於美色

刑政錯亂民力盡於奢侈目眩於美色志濁於財寶邪臣在位賢哲隱藏百姓業天下苦之是以遂有覆巢破卵之憂漢所以強者躬行誠信聽諫納賢惠及負薪躬請巖穴廣採博察以成其謀此往事之明證也近者漢衰三家鼎立曹失綱紀晉有其政又益州危嶮兵多精強閉門固守可保萬世而劉氏與奪乖錯賞罰失所君意恣於奢侈民力竭於不

賞罰失所君意悠於奢侈民力竭於不急是以為晉所伐君臣見虜此目前之明驗也臣闇於大理文理不及義智慮浅末無復異望竊為陛下惜天下耳臣謹奉耳目所見百姓所為煩苛刑政所為錯乱願陛下息大功損百役務寬蕩忽苛政又武昌土地實危險而塉确

【第九紙】

非都安国養民之處且童謠言寧飲建業水不食武昌魚寧還建業死不止武

業水不食武昌魚寧還建業死不止武
昌居臣聞童謡之言生於天心乃以安
居而死是明天意知民所苦也臣聞国
無三年之儲謂之非国而今無年之蓄
此臣下之責也而諸公卿位處人上祿
延子孫曾無致命之節匡救之術苟進
小利於君以求容媚荼毒百姓不為君
計也自從孫弘造義兵以來既空癈在
所无復輸入而分一家父子異役廩食

所无復輸入而分一家父子異役廩食
日張稸積日耗民力困窮鬻賣兒子調
賦相仍日以疲極加有監官務行威勢
在所搔〻更為煩苛民苦二端財力再
耗此為無益而有損也願陛下一息此
輩以鎮撫百姓之心此猶魚鼈得免
毒螫之渊鳥獸得離羅网之絰四方之
民繈負而至矣如此民可得保先王之
国存焉臣聞明王聖主取士以賢非求

【第十紙】

国存焉臣聞明王聖主取士以賢非求
顔色而取好服捷口容悅者也臣伏見
當今內寵之臣位非其重不能輔国匡
時羣黨相扶害忠隱賢願陛下簡文武
之臣各盡其忠拾遷〔遺〕萬一則康哉之歌
作刑措之理清願陛下留神思臣愚言
時殿上列將何定佞巧便辟貴幸任事
凱面責定曰卿見前後事主不忠傾亂
国政寧得有以壽終者何以專為姦邪

国政寧得有以壽終者何以專為姦邪穢塵天聽宜自改厲不然方見卿有不測之禍矣定大恨凱恐中傷之凱終不以爲意乃心公家義刑施色疾病晧遣中書令董朝問所欲言凱陳何定不可任用宜授外任不宜幹與事姚信樓玄賀邵張悌郭逴薛瑩或清白忠勤或姿才卓茂皆社稷之楨幹国家之良輔願陛下重留神思訪以時務晧遣親近趙

【第十一紙】

陛下重留神思訪以時務晧遣親近趙

欽口詔報凱曰孫動遵先帝有何不為平

君所諫非也又建業宮不利故避之而

宮室裹秏為不得徒乎凱上疏曰臣竊

見陛下執政事来陰陽五星失晷職司

不忠姦黨相扶是陛下不遵先帝之所

致也夫王者之興受之於天脩之由德

豈在宮乎而陛下不諮之公輔便盛意

駈馳六軍流離就令陛下身得安百姓

駈馳六軍流離就令陛下身得安百姓愁勞何以用治此不遵先帝一也臣聞有国以賢為本夏殺龍逄殷獲伊摯斯前世之明効今日之師表也中常侍王蕃黃中通理處朝忠謇斯社稷之重鎮大吴之龍逄也而陛下忿其苦亂（惡）其道直對梟之殿堂屍骸暴棄邦內傷心有識悲悼咸以吴国夫差復存先帝親賢陛下反之是不遵先帝二也臣聞宰相

陛下反之是不遵先帝二也臣聞宰相
国之柱也不可不强是故漢有蕭曹之
佐先帝有顧步之相而萬彧瑣才凡庸
之質昔從徒隸超步紫闥於彧已豐於
器已溢陛下愛其細介訪大趣榮以遵
輔越尚舊臣忠良憤慨智士共咤是不
遵先帝三也先帝愛民過於嬰孩民無
妻者以妾妻之見單衣以帛給之枯骨
不收取埋之而陛下反之是不遵先帝

【第十二紙】

不收取埋之而陛下反之是不遵先帝四也(昔)桀紂滅由妳婦幽厲亂在嬖妾先鑒之以為身戒故左右(不)置媱邪之色後房〻無曠積之女今中宮萬數不備嬪嬙外多鰥夫女吟於中是不遵先帝五也先帝憂勞万機猶懼有失陛下臨祚以來遊戯後宮眩或婦女乃令廢事多曠下吏斷欺是不遵先帝六也先帝篤尚朴素服不純麗宮無高臺物無彫飾

尚朴素服不純麗宮無高臺物無彫飾而陛下徵調州郡竭民財力士被玄黃宮有朱朱紫是不遵先帝外杖顧陸朱張内近故綜薛瑩是以庶績熈邦内清肅今者外非其任内非其人陳聲曹輔斗筲小吏先帝之所弃而陛下幸之是不遵先帝八也先帝每宴享群臣抑損醇酎臣下終日無失慢之尤而陛下拘以視瞻之敬懼以不盡之酒無異商辛

【第十三紙】

以視瞻之敬懼以不盡之酒無異高辛
長夜之飲是不遵先帝九也昔漢之桓
靈親近竪宦大失民心今高通羊度黄
門小人而陛下賞以重爵擁與戰兵若
江渚難則度等之武不能禦侮明矣是
不遵先帝十也今宮女曠積而黄門復
走州郡條牒民女有錢則捨無錢則取
愁呼道路母子死次是不遵先帝十一
也先帝在時亦養諸王太子若取乳母

也先帝在時亦養諸王太子若取乳母其夫復役賜與錢財時遣歸來視其弱息今則不然夫婦生離夫故作〻吏兒從後死家為天民以食為天衣其次也三者孤存之於心今則不然農桑並廢是不遵先帝十三也先帝簡士不拘貴賤任之鄉閭効之於事舉者不虛受者不妄〻今則不然浮華者登朋當者進是不遵先帝十四也先帝戰士不給他

是不遵先帝十四也先帝戰士不給他役江渚有事責其死効今之戰士供給衆役廩賜不贍是不遵先帝十五也夫賞以勸功罰以禁邪賞罰不均則士民散今江邊將士死不見哀勞不見賞是不遵先帝十六也今在所監司已爲煩猥兼有內使擾亂其中一民十吏何以堪命是不遵先帝十七也夫校事吏民之仇先帝末年雖有呂壹錢欽尋皆誅夷

【第十四紙】

仇先帝末年雖有呂壹錢欽尋皆誅夷
以謝百姓今復張立校曹縱吏言事是
不遵先帝十八也先帝時居官者咸久
於其位然後考績黜陟今州職司或莅
政無幾便徵召遷轉紛紛道路傷財害
民於是為甚是不遵先帝每察竟解之
奏常留心推案是以獄無冤囚死者吞
聲今則違之是不遵先帝廿也若臣言
可錄藏之盟府如其虛妄治臣之罪願

可録藏之盟府如其虛妄治臣之罪願
陛下留意
江表傳曰晧所行弥暴凱知其將亡上表曰臣聞惡不可
積過不可長是以古人懼不聞非立敢
諫之鼓武公九十思聞警誡臣察陛下
無思誠之義而有積惡之漸臣深憂之
故略陳其要陛下宜克己復礼述脩前
德不可捐弃臣言而放奢意〻日奢情
日至吏日欺民日離則上不信不當疑
上骨肉相剋公子將奔臣雖愚闇於天
命以心審之敗不過廿稔也臣帝忝之
国之憂槃殷紂亦不可使後人後悉陛
下也臣受国恩奉朝三廿後以飾年植
過陛下不能脩俗興衆沈浮若比干子
負以忠見戮以正見疑自謂畢足無所
餘恨厌身泉壤無負先帝願陛下九思
社稷存焉初晧始起宮凱上表諫不聽

【第十五紙】

餘恨厭身泉悵無負先帝顧陛下九思社稷存焉初晧始起宮凱上表諫不聽凱重表曰臣聞宮功當起夙夜反側是以頻煩上事往〻留中見省報於邑歎息昨食時被詔曰君所陳哉是大起然未合鄙意何此宮殿不利宜當避之乃可以妨勞役長坐不利宮乎父之不安子亦倚臣伏讀一周不覺氣結於匈而涕泣雨集臣年已六十九榮祿已重於臣過望復何所冀所勸勤數進苦言者臣伏念大皇帝創基立業勞苦勤至今強敵當塗西州傾覆孤瘦之臣宜當玄養廣力肆業以備其虞且始旋都屬有軍征戰士流離州郡擾擾而大功復起徵召四方斯非保國致治之漸也臣聞為人主者攘災以德除咎以義今宮室之不利但當克己復禮篤陽宗之至道愍黎庶人之困苦何憂宮之不安災之不

不利但當克己復礼篤陽宗之至道毖黎庶人之困苦何憂宮之不安实之不銷乎陛下不務脩德而築宮若德之不殖行之不貴雖殷辛之瑶臺秦始之阿房止不喪身覆国宗廣作墟乎夫興土功高臺榭致水旱臣又多疾其不疑也為父長安使子有倚此乃子離於父臣離於陛下之象也臣子臺離雖念刮骨肉弟茨不翦後何益禹文皇帝之時宛鈔攝威南羽羽無事尚猶沖讓未有築宮況陛下危側之廿之大皇帝之德可不思哉可不慮哉願陛下留意臣不虛言也

樓玄字承先沛郡人也孫晧即位為大司農主殿中事應對切直漸見責怒後人誣白玄與賀邵相逢駐共耳語大

後人誣白玄與賀邵相逢駐共耳語大笑謗訕政事遂被詔詰責送付廣州徒交阯別勑令殺之賀邵字興伯會稽人也孫皓時遷中書令皓凶暴驕矜政事日弊邵上疏諫曰古之聖王所以潛處重闈之內而知萬里之情垂拱衽席之上明照八極之際者任賢之功也陛下宜旌賢表善以康[庶]政自頃年已来朝列紛錯直僞相貿上下空任文武曠位外

【第十六紙】

紛錯直僞相貿上下空任文武曠位外無山嶽之鎮內无拾遺之臣佞諛之徒撫翼天飛干弄朝威盜竊榮利而忠良排墜信臣被害是以正士摧方而庸臣苟媚遂使清流變濁忠臣結舌陛下處九天之上隱百重之室言出風靡令待下從嬖近寵媚之臣曰聞順意之亂將謂此輩實賢而天下平也臣心所不安敢不以聞臣聞興国之君樂聞其過荒

敢不以聞臣聞興国之君樂聞其過荒亂之主樂聞其譽聞其過者過日消而福臻聞其譽者譽日損而福至是以古之人君揖讓以進賢虛己以求過譬天位於乘奔以虎尾為警戒至於陛下嚴刑法以禁直亂黜善士以逆諫臣眩耀毀譽之實沉論近習之言故常侍王蕃忠恪在公才任輔弼以醒酒之間加之大戮近鴻臚葛奚先帝舊臣就有逆

之大戮近鴻臚葛奚先帝舊臣就有逆忤昏醉之言耳三爵之後礼所不諱陛下猥發雷霆謂之輕慢飲之醇酒中毒殞命自是之後海内悼心朝臣失圖仕者以退爲幸居者以出爲禍誠非所以保光洪緒熈隆道化也又何定本趨走小人僕隸之下身無錙銖之行能無鷹

【第十七紙】

犬之用而陛下愛其佞媚假其佞媚假其威柄使定恃寵放恣自擅威福口正

其威柄使宦侍寵放恣自擅威福口正
国議手弄天機虧日月之明下塞君子
之路臣竊觀天變自比年已來陰陽錯
謬四時逆節日蝕地震中夏殞霜參之
典籍皆陰氣陵陽小人弄勢之所致也
臣嘗覽書傳驗諸行事災祥之應可為
寒慄昔高宗脩己以消鼎雉之異宗景
崇德以退熒惑之變願陛下上懼皇天
譴告之消下追二君攘災之道遠覽前

讜告之消下退二君攘灾之道遠覽前代任賢之功近寤今日謬之授失清澄朝位擢敘俊乂放退佞邪抑奪姧勢廣延淹滯容受直亂旌表軌指敬奉先業則大化光敷天人望塞矣傳曰国之興也視臣如傷其忘也以臣為草芥陛下昔翰神光潛德東夏以聖哲茂姿龍飛應天四海延頸八方拭目以咸康之化必隆於旦夕也自文興已來法禁轉苛

【第十八紙】

必隆於旦夕也自文興已來法禁轉苛調賦益繁在所長吏迫畏罪負嚴法峻刑驅民求辦是以力不堪家戶離散呼嗟之聲感傷調氣又江邊戍兵宜持優育以待有事而徵發賦調煙至雲集衣不全短褐食不贍朝夕出當鋒鏑之歎入抱無聊之感是以父子相棄叛者成行願陛下寬賦除煩省諸不急夫民者之本也食者民之天也今国無一年之

之本也食者民之天也今国無一年之儲家無经月之福而後宮坐食萬有餘人内離曠之怨外有損耗之費使庫廩空於無用士民飢於糟糠又北敵注目伺国盛衰陛下不恃已之威德而悟敵之不来忽四海之困窮而輕虜之為難誠非長筭廟勝之要也昔大皇帝創基南夏割據江山雖承天賛由實人力餘慶遺祚至於陛下陛下宜克崇德器以

【第十九紙】

慶遐祚至於階下陛下宜克崇德器以光前烈何可忽顯祖之功勤輕難得之大業哉臣聞否泰無常吉凶由人長江之限不可久恃苟我不守一葦可航也昔秦建帝皇之号據殽函之阻德化不脩法政苛酷毒流生民忠臣杜口是以一夫大呼社稷傾覆近劉氏據三關之嶮守重山之固可謂金城石室萬世之業任據失賢一朝喪沒君臣繫頸共為

業任據共賢一朝宦没君臣繫頸共為
羈僕此當世之明鑒目前之炯戒也願
陛下遠考前事近鑒世變豊基强本割
情從道則成康之治興而聖祖之祚隆
矣書奏晧深恨之邵奉公貞正親近憚
乃共譖邵與樓玄謗毀國事俱被詰責
玄見送南邵原復職後邵中惡風口不
能言去職數月晧疑其託疾掠考千所
卒無一言竟殺之家屬徙臨海并下誅

368 卒無一言竟殺之家屬徙臨海并下誅
369 玄子韋曜字弘嗣吳郡人也遷太子中
370 庶子時蔡款亦在東宮性好愽弈太子
371 和以為無益命曜論之其亂曰蓋君子
372 恥當年而功不立疾沒世而名不稱故
373 曰學如不及猶恐失子是以古之志士
374 悼年齒之流邁而懼名之稱不建也故
375 免精厲操不遑寧息且以西伯之聖姬
376 公之才猶有日昃待旦之勞故能隆興

【第二十紙】

公之才猶有日昃待旦之勞故能隆興
王道垂名億載況在臣庶而可以已乎
歷觀古今功名之士皆有積累殊異之
迹勞身苦體契闊勤思平居不惰其業
窮困不易其素是以卜式立志於耕收
而黄霸受道於囹圄終有崇顯之福以
成不朽之名故山甫勤於夙夜而吳漢
不離公門豈有遊惰哉而今之人多不
務經術好翫博弈廢事棄業忘寢與食

務经術好翫博弈廢事弃業忘寢與食窮日盡明繼以脂燭當其臨局交爭雌雄未決專精銳意心勞體倦人事曠而不脩賓旅闕而不接雖有太牢之饌韶夏之樂不暇存也或至賭及衣物徒棊易行廉恥之意弛而忿戾之色發其所志不出一枰之上所務不過方內封之間勝敵無封爵之賞獲地無兼土之實技非六藝用非经国立身者不階其術

【第二十一紙】

技非六藝用非経国立身者不階其術徼選者不由其道求之戰陳則非孫吳之倫也考之於道藝則非孔氏之門也以變詐為務非忠信之事也以刧殺為名則非仁者之意也而空妨日癈業終無補益是何異設木而擊之置石投之哉且君子之居室也勤身以致養其在朝也竭命以納忠臨事且猶旰食何博弈之足耽乎夫然故孝友之行立貞純

弈之足耽乎夫然故孝友之行立貞純之名彰也方今大吳受命海内未平聖朝乾乾務在得人勇略之士則受熊虎之任儒雅之徒則處龍鳳之署百行兼苞文武並騖博選良才旌簡髦俊設程試之科垂金爵之賞誠千載之嘉會百世之良遇也當世之士宜勉思至道愛功惜力以佐明時使名書史籍勳在盟府乃君子之上務當今之先急也夫一

408 府乃君子之上務當今之先急也夫一
409 木之枰孰與方国之封枯棊三百孰與
410 萬人之将袞龍之服金石之樂足兼棊
411 局而貿博弈矣設令世士移博弈之力
412 而用之於詩書是有顏閔之志也用之
413 於智計是有良平之思也用之於資貨
414 有猗頓之富也用之於射御是有將師
415 之備也如此則功名立而鄙賤遠矣孫
416 晧即位為侍中常侍領左国史時在所

【第二十二紙】

晧即位為侍中常侍領左国史時在所承指數言瑞應晧以問曜〻答曰此人家筐篋中物耳又物耳又晧欲為父和作紀曜執以和不登帝位宜名為傳如是者非一漸見責怒益憂懼自陳衰老求去晧終不聽晧每饗宴無不竟日坐席無能否率以七升為限雖不悉入口皆澆灌取盡素飲酒不過二升初見礼時常為裁減或容賜茶茗以當酒至於

時常爲裁減或密賜荼荈以當酒至於寵衰更見逼彊輒以爲又罪於酒後使侍臣難折公卿以嘲弄侵刻發擿私短爲歡時有愆過或誤犯晧諱輒見收縛至於誅戮曜以爲外相毀傷內長尤恨使不濟濟非佳事也故但示難問經義言論而已晧以爲不承用詔命不意忠盡遂積前後嫌忿收曜付獄華覈連上䟽救曜晧不許遂誅曜也

【第二十三紙】

疏救曜晧不許遂誅曜也華覈字永先吳郡人也為中書丞孫晧更營新宮制度弘廣飾以珠玉所費甚多時盛夏功農守並廢覈上疏諫曰臣聞漢文之世九州晏然當此之時皆以為泰山之安無窮之基也至於賈誼猶以為可痛哭及流涕者三長大息者六乃曰方今之勢何異抱火措之積薪之下而寑其上竊其上竊以曩時之事撥

下而寢其上竊其上竊以最時之事揆令之勢誼云復數年間諸王方剛以欲為治雖九舜不能安而今大敵據九州之地有太半之衆習攻戰之餘術乗我馬之舊勢非徒漢之諸王淮南濟北而已誼之所欲痛哭今為緩抱大臥薪之喻於今為急誠宜住建立之役先備豫之計免墾植之業為飢之〻救若捨此急盡力功作卒有風塵不虞之變當委

急盡力功作卒有風塵不虞之變當委
版築之役應烽燧之急臨怨苦之衆赴
白刃之難此乃大敵所因為資也但曰
守曰廣久則軍粮必之不待接刃而戰士
已困矣王者以九域為宅天下為家不
與編戶之民轉徙同也今之宮室先帝
所卜士立基非為不祥又陽市土地與
宮連接若大功畢竟與駕遷住五行之
神皆當轉移猶恐長久未必勝舊屢遷

【第二十四紙】

神皆當轉移猶恐長久未必勝舊屢遷不可留則有嫌此乃愚臣所以夙夜為憂灼也臣省月令季夏之月不可以興土功不可以會諸侯不可以起兵動衆舉大事必有大凶六月戊己土行正王既不可犯加之農月不可失昔魯隱夏城中丘春秋書之垂為後戒今築宮為長世之洪基而犯天地之大禁襲春秋之所書廢敬授之上務臣以愚管竊所

之所書癈敬授之上務臣以愚管竊所不安又恐所召雜臣或有不至計之則癈役興事不討則日月滋蔓若悉並到大衆聚會希無疾病且人心安則希無疾病且人心安則思善苦則怨叛令當角力中原以定强弱正於際會彼益我損此乃雄夫智士所深憂也臣聞先王治国无三年之儲曰国非其國安寧之世戒備如此況敵强大而忽農忘福若

【第二十五紙】

世哉備如此况敵強大而忽農忘福若上下空之運漕不供敵犯疆傷使周邵更生良平復出不能為陛下計明矣書奏晧不納後遷東觀令領右国史時倉廩無儲世俗滋侈數上䟽曰今寇充斥征伐未已居無積年之儲出無應敵之稸此乃有国者所宜深憂也夫財穀所生當出於巨趍時農国之上急而都下諸官所掌別異各自下調不計巨力輙

諸官所掌別異各自下調不計民力輸與近期長吏畏罪晝夜催民委舍田事遑赴會日定送到都或蘊積不用而徒使百姓消力失時到秋收月督其限入奪其播納之時責其今年之稅如有逋懸則籍没財物故家戶貧困衣食不足宜慙自衆役壹心農桑古人稱一夫不耕或受其寒是以先王治国唯農是務軍興已來已向百載農人廢南畝之務

軍興已來已向百載農人廢南畝之務女工失機杼之業推此揆之則蔬食而長飢薄衣而履冰者固不少矣臣聞主之所求於臣者二臣之所望於主者三〻謂求其為己死三謂飢者能食之勞者能息之有功者能賞之臣已致其二事而主失其三望者則怨心生而功不建今帑藏不實民勞役猥主之二求已備臣之三望未報且飢者不待備著而

【第二十六紙】

備臣之三望未報且飢者不待備肴而後飽寒者不俟狐貉而後溫為味者口之奇文繡者身之飾也今事多而役少民窮而俗奢百工作無用之器婦人為綺靡之飾不勤麻絲並繡文黼轉相放効恥獨無有兵民之家猶復逐俗內無儋石之儲而出有綾綺之服至於富賈商販之家奢恣尤甚天下未平百姓不贍宜壹生民之原豐穀帛之業而棄功

贍冝臺生民之原豐穀帛之業而弃功於浮華之巧曰於廉侈之事上無尊卑等級之差下有消膽財費力之損且美貌者不待華采以崇好豔姿者不待文綺以致愛五色之飾足以麗矣若極粉黛窮盛服未必無醜婦廢華采去文繡未必無美人也若實如所論有之無益廢之無損者何愛而不暫禁以充府藏之急乎此救之上務富国之本業也使

【第二十七紙】

之急乎此救之上務富国之本業也使
管晏復生無以易此漢文景承平継統
天下已定四方無虞猶以彫文之傷農
事錦繡之宮女工開国家之利杜飢寒
之本況今六分合乖豺狼充路兵不離
疆甲不〻解帶而可以不廣生財之原
充府藏之積哉

群書治要巻第廿八

群書治要卷第廿八

延慶元年十二月七日校合畢

同十八日重校合訖　貞顯

圖書寮
番號 117
冊數 48
品號 特 3

群書治要卷第廿九　秘書監鉅鹿男臣魏徵等奉　勅撰

晉書上

武皇帝諱炎字安世文帝太子也泰始五年廷尉上西平民麹路撾登聞鼓言多妖妄毀謗帝詔曰狂狷悖誹亦朕之愆勿罪也孫盛陽秋云泰始八年帝問右將軍皇甫陶論事陶固執所論與帝爭言散騎常侍鄭徽表求治罪詔曰讜言謇諤直意盡辭所望於左右也人主常以阿媚爲患豈以爭臣爲損乎陶所執不僣此義而徽越職奏之

【第一紙】

4

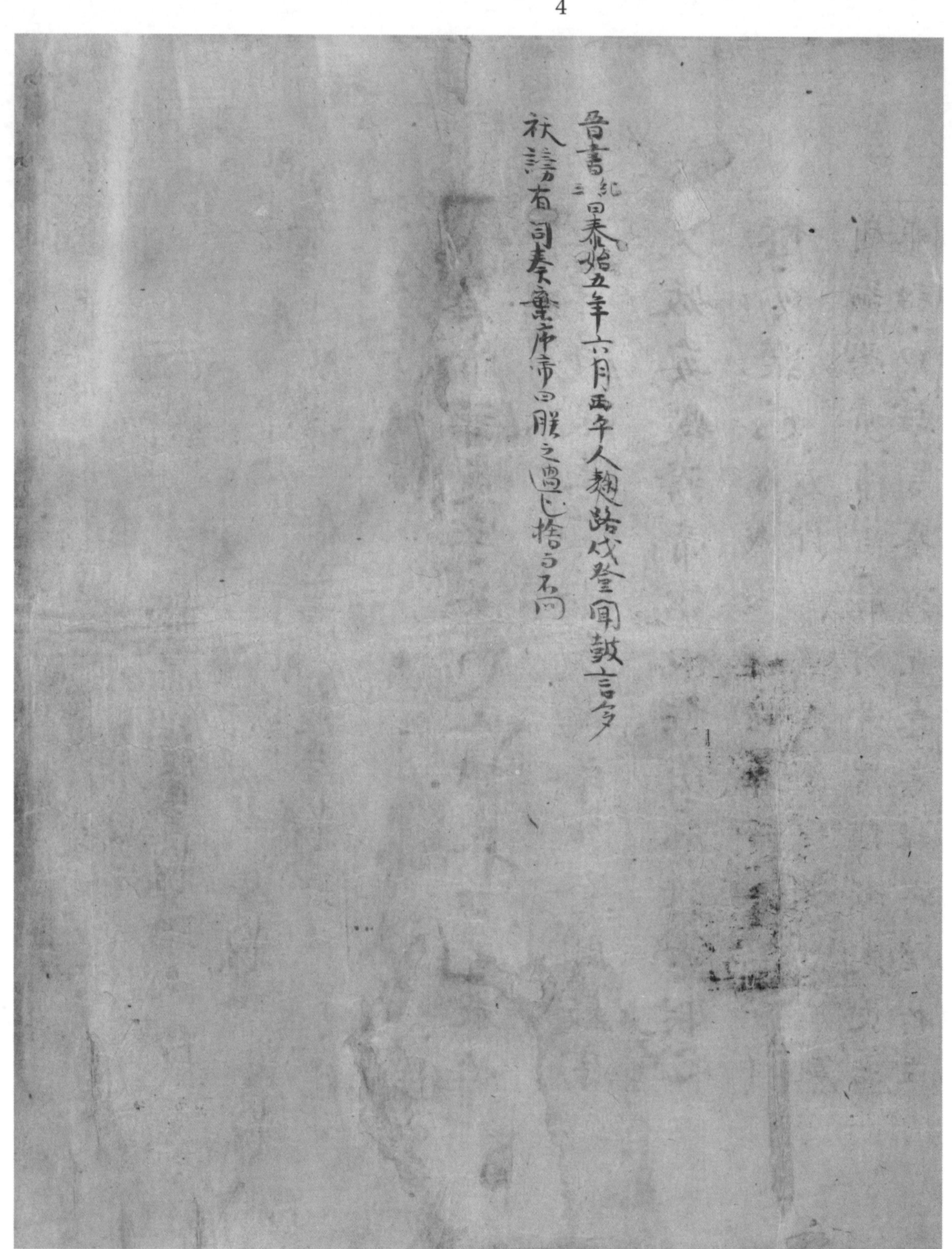

右也人主常以阿媚為患豈以爭臣為損乎陶所執不愆此義而徵越職奏之
豈朕意乎乃免徵官也咸寧四年太醫司馬程據
獻雉頭裘詔曰異服奇技典制所禁也
其於殿前燒裘甲申勅內外敢有犯者
依禮治罪太康元年吳主孫晧降有司
奏晉德隆茂光被四表吳會既平六合
為一宜勒封東岳以彰聖德帝曰此盛
德之事所未議也羣臣固請弗聽干寶紀云
太康五年侍御史郭欽上書曰戎狄彊橫自古為患魏初民寡西北諸邊郡皆

【第一紙】

9

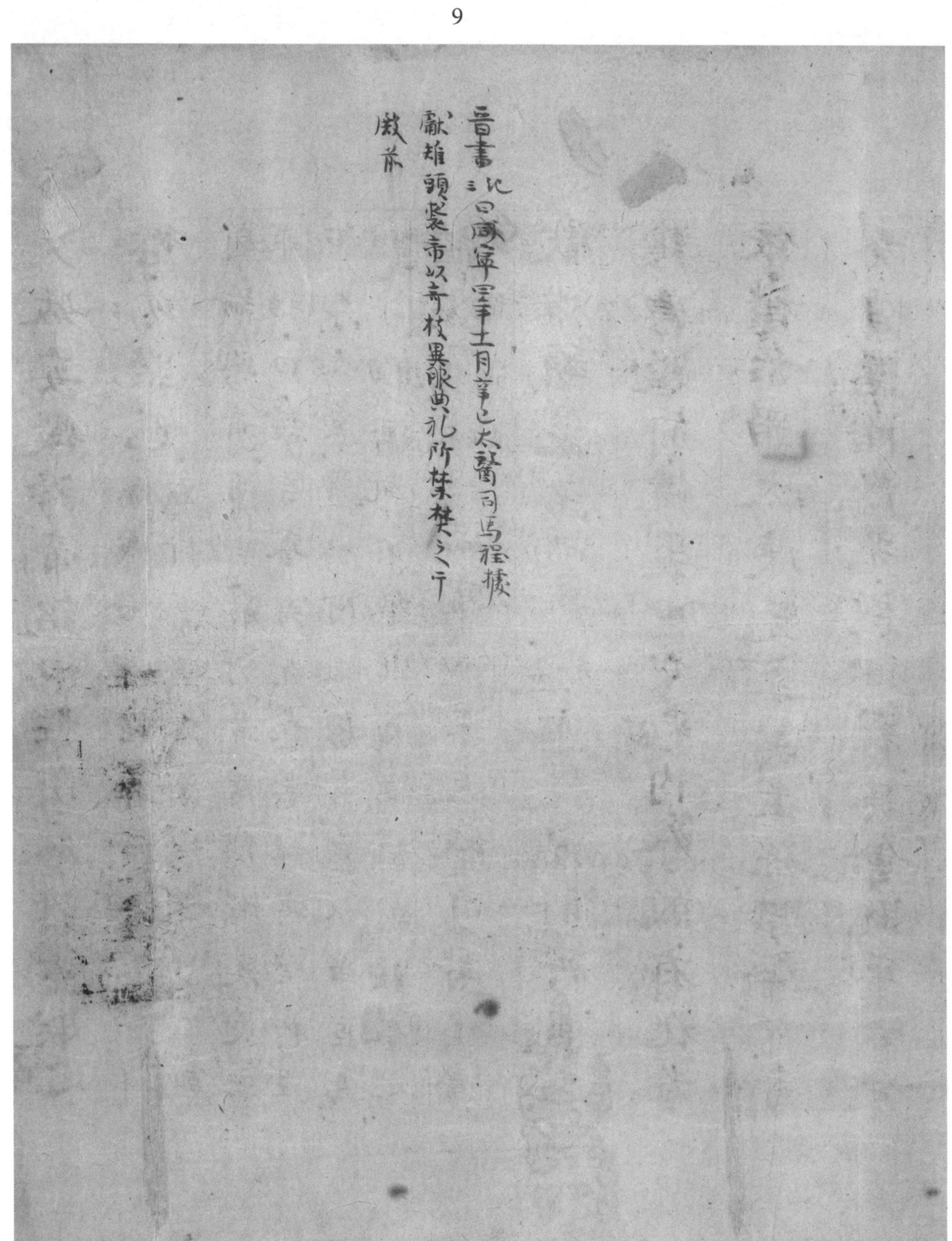

【第二紙】

太康五年侍御史郭欽上書曰戎狄强
獷自古爲患魏初民寡西北諸邊郡皆
爲戎居今雖伏從若百年之後有風塵
之驚胡騎自平陽上黨不三日而至孟
津北地西河失去馮翊太原安定裁居
數縣其餘及上郡盡爲狄庭連接幾甸
宜及平吳之威出北地西河安定後上
郡實馮翊平陽北緣河諸縣募取死罪
罷三河三魏見士四万家以充此之使
裔不亂華漸徙平陽弘農魏郡京兆上
黨太原雜胡出於其表峻四夷出入之
防明先王荒服之制万世之長策也弗納
荀綽略記云世祖自平吳之後天下无
事不能復放〻於事物始寵用后黨由
此祖祢褋攜嬪媵不拘華門又先以
之罪疊非正殺之謂爲禁以之攢聚賓
耽職之甚昔武王伐紂歸傾宮之女助
紂爲虐而世祖平皓納吳姬五千是同

【第一紙】

16

晋書紀三曰太康元年九月群臣以天下一統屬清

封禪帝謙讓弗許

鈋獄之甚昔武王伐紂歸傾宮之女助
紂為虎而世祖平晧納吳姬五千是同
晧之
弊也

惠皇帝諱衷字正度武帝太子也永康
元年遷皇太后于永寧宮賈后諷羣臣
奏廢皇太后為庶人居于金墉城九年
賈后誣奏皇太子有悖書帝幸式乾殿
召公卿百官皆入詔賜太子死以所謗
悖書及詔文遍示諸王公司空張華曰
此國之大禍自漢氏以來每廢黜正嫡

晉書帝紀無此上書
但第十八閻纘篇有之見合ノ

此國之太禍自漢氏以來每廢黜正嫡
恒至喪亂且晉有天下日淺願陛下詳
之尚書僕射裴頠曰臣不識太子書不
審誰爲通表誰發此者書爲是太子手
書不宜見檢校而王公百官竟無言免
太子爲庶人幽于金墉城永康元年前
西戎校尉司馬閻纂輿棺詣闕上書曰
伏見赦文及旁下前太子遹手疏以爲
驚愕自古已來臣子悖逆未有如此之

【第三紙】

驚愕自古已来臣子悖逆未有如此之
甚者也幸頼天慈全其首領臣伏念遹
生於聖父而至此者由於長養深宮沉
論富貴受饒先帝父母驕之每見選師
傅下至羣吏率取膏梁擊鍾鼎食之家
稀有寒門儒素如衛綰周文石奮疏廣
者也洗馬舍人亦無汲黯鄭莊之比遂
使不見事父事君之道臣案古典太子
居以士礼與國人齒以此明先王欲令

居以士礼與國人齒以此明先王欲令
知賤然後乃貴自頃東宮亦微太盛所
以致敗也非但東宮歷觀諸王師友文學
亦取豪族學非龔遂王陽能以道訓又
無直高三益之節官以文學為名實不
讀書但共鮮衣怒馬縱酒高會嬉遊愽
弈豈有切磋能相長益者哉臣常恐公
族淩遲以此歎息今遹可為戒恐其被
斥棄遂遠郊始當悔過無所復及昔废

斥弄遂遠郊始當悔過無所復及昔廢
太子無狀稱兵拒命而湖關三老上書
猶曰子弄父兵罪應笞漢武感悟築思
子之臺今適无狀言語逆悖受罪之日
不敢失子道猶為輕於廢太子尚可禁
持檢著目下重選師傅為置文學皆選

【第四紙】

以學行自立者及取服勤更事名行素
聞者使嚴御史監護其家絕貴戚子弟
輕薄賓客如此左右前後莫非云人使

輕薄賓客如此左右前後莫非其人使共論議於前但道古今孝子慈親忠臣事君及思愆改過之比日聞善道庶幾可全昔太甲有罪放之三年思庸克復為殷明王又魏明帝因母得罪廢為平原侯為置家臣庶子文學皆取正人相匡矯事父以孝事母以謹聞於天下于今稱之李斯云慈母多敗子嚴家無格虜由陛下驕遇使至於此庶其受罪以來足

陛下驕遣使至於此廢其受罪以来足
自思改方今天下多虞四夷未寧將伺
國隙儲副太事不宜空虛宜爲大計少復
停畱先加嚴誨若不悛改弃之未晚也
臣素寒門不經東宮情不私遣也當備
近職情同閽寺悾悾之誠皆爲國事臣
以死獻忠輙具棺絮伏須刑誅書御不
從遣前將軍司馬送太子幽于許昌宮
賈后使黄門孫慮賊太子于許昌　干寶紀云

【第五紙】

賈后使黄門孫慮賊太子于許昌 干寶紀云

史臣曰世祖正位居體重言慎法仁以
厚下寛而能斷故民詠惟新四海歡悦矣
聿脩祖宗之志獨納羊祜之策役不二時
江湖來同夷吴蜀之壘垣通二方之險
塞掩唐虞之舊域班正朔於八荒餘粮
委畝外闗不閇民相遇者如親其遺之
者取資於道路故于時有天下无窮人
之言雖太平未洽亦足以明吏奉其法
民樂其生百代之一時矣武皇既崩陵
土未乾而楊駿被誅母后廢黜朝士舊
臣夷滅者數十族宗子无維城之助而
閼伯實沈之隙歲構師尹無具瞻之貴
而顛墜戮辱之禍日有民不見德唯乱
是聞内外混淆名實反錯國送移於亂
人禁兵外散於四方方岳无鈞石之鎮
門闗无結草之固李辱石冰傾之於荊

人禁兵外散於四方〻岳无鈞石之鎮門關无結草之固李辱石冰傾〻於荊楊劉渕王彌撓之於青冀廿餘年而河洛為墟戎羯制稱二帝失尊山陵无所何哉樹立失權託付非才四維不張而苟且之政多也夫作法於治其弊猶乱作法於亂誰能救之于時天下非暫弱也軍旅非無素也彼劉渕者離石之將兵都尉王彌者青州之散吏也蓋皆弓馬之士驅走之人凡庸之才非有吳先主諸葛孔明之能也新起之寇烏合之衆非吳蜀之敵也脫耒為兵裂衣為旗非戰國之器也自下逆上非隣國之勢也然而成敗異効擾天下如驅羣羊舉二都如拾遺將相侯王連頸受戮乞為奴僕而猶不獲后嬪妃主虜辱於戎卒豈不哀哉夫天下大器也群生重畜也愛惡相攻利害相奪其勢若積水于防燎

【第六紙】

不哀哉夫天下大器也群生重畜也愛
惡相攻利害相奪其勢若積水于防燎
火于原未嘗整靜也器大者不可以小
道治勢重者不可以爭競擾古先哲王
知利百姓是以感而應之悅而歸之如
晨風之欝北林龍魚之趣淵澤也然後
設礼文以理之斷刑罰以威之謹好惡
以示之審禍福以喻之求明察以官之
尊慈愛以固之故皆樂其生而哀其死
悅其教而安其俗君子勤礼小人盡力
塵恥篤於家閭邪僻消於胸懷故其民
有見厄以授命而不求生以害義又況
奮臂太呼聚之以于紀作乱之事乎基
廣則難傾根深則難拔理節則不乱膠
結則不遷是以昔有天下者之所以長
久也夫豈無僻主賴道德典刑以維持
之也故延陵季子聽樂以知諸侯存亡
之數短長之期者蓋民情風教國家安

【第六紙】

之也故延陵季子聽樂以知諸侯存亡
之數短長之期者蓋民情風教國家安
危之本也晋之興也其創基立本異於
先代又加之以朝寡純德之士鄉乏不
二之老風俗淫僻恥尚失所學者以莊
老為宗而黜六經談者以虛蕩為辯俚
而賤名檢行身者以放蕩為通而狹節
捺仕者以苟得為貴而鄙居正當官者
以望空為高而咲勤恪劉頌屢言治道
傅咸每糾邪正皆謂之俗吏其倚杖虛
曠依阿無心者皆名重海內由是毀譽
亂於善惡之實情慝奔於貨欲之塗選
者為人擇官官者為身擇利而秉鈞當
軸之士身兼官以十數大極其尊小
錄其要機事之失十恒八九而世族貴
戚之子弟陵邁超越不拘資次悠悠風
塵皆奔競之士列官千百無讓賢之舉
子真著崇讓而莫之省子雅制九班而

塵。皆奔競之士。列官。千百。無讓賢之舉。子真。著崇讓。而莫之省。子雅。制九班。而不得用。長虞。直筆。而不能糺。其婦女妝櫛織紝。皆取成於婢僕。未嘗知女工絲枲之業。中饋酒食之事也。先時而婚。任情而動。故不恥淫逸之過。不拘妬忌之惡。有逆于舅姑。有反易剛柔。有殺戮妾媵。有瀆亂上下。父兄弗之罪也。天下莫之非也。又況責之聞四教於古。修貞順於今。以輔佐君子者哉。礼法刑政。於是大壞。如水期積。而決其堤防。如火斯蓄。而離其薪燎也。國將亡。本必先顛。其此之謂乎。故觀阮籍之行。而覺礼教崩弛之所由。察庾純賈充之爭。而見師尹之多辟。考平吳之功。而知將帥之不讓。思郭欽之謀。而寤戎狄之有釁。覽傅玄劉毅之言。而得百官之邪。核傅咸之奏。錢神之論。而觀寵賂之彰。民風。國勢。如此。

【第七紙】

毅之言而得百官之耶核傅咸之奏錢神之論而觀寵賂之彰民風國勢如此雖以中庸之才守文之主治之事有必見之於祭祀季札必得之於聲樂范燮必為之請死賈誼必為之痛哭又況我惠帝以蕩〻之德而臨之哉故賈后肆虎於六宮韓午助亂於內外其所由来者漸矣豈特繫一婦人之惡乎

成皇帝諱衍字世根明帝太子也咸和七年詔除諸養禽之屬無益者集書令史夏侯威表曰伏聞明詔悉除養熊羆之費舉朝增慶咸稱聖主伏惟陛下未觀古今成敗之戒而卓尒玄覽明發自

觀古今成敗之戒而卓尒玄覽明發自然遣除無益務在爲民誠可謂性與天道生而知之孔子十五志學卌不惑陛下年在志學之後而思洞不惑之前三代之興無不抑損情欲三季之衰無不肆其侈靡陛下不學其興而與興者同功不覽其衰已去衰者之弊道侔上哲德邁中古吐絲髮之言著如綸之美臣聞將順其美匡救其惡故人主之言則

聞將順其美匡救其惡故人主之言則右史書之陛下此詔既當著之史籍又宜宣布天下自喪亂已來卌餘載塗炭之餘思治久矣陛下智成當年而運值百六德音之詔發自聖德願復觸類而長之廣求其比無使朝有遊食費祿之臣野有逋竄不僅之民使居官者必有供時之賦則何患倉廩之不實下土之不均凡備此術易於反掌耳臣誠惚悢

【第八紙】

不均凡脩此術易於反掌耳臣誠惓悃
官自朝未不足對揚盛化裨廣大猷然
自覩聖美心悅至教自忘蔑細謹拜表
以賀
簡文皇帝諱昱字道萬元帝少子也咸
安二年詔曰夫敦本息末抑絕華競開
忠信公坦之門塞浮偽阿私之路詢名
檢實致之以道使清濁異流能否殊觀
官無秕政士無謗讟不有懲勸則德禮

官無秕政士無謗讟不有懲勸則德禮焉施且彊寇未弥勞役未息每念民疲力單則中夜忘寢若不加政以求民瘼簡除遊煩以存儉約將何以紓之耶今自非軍國戎祀之要其華飾煩費之用可除者皆除之宜省之者皆省其鰥寡窮獨癃殘六疾不能自存皆生民之至艱先王之所愍宜加隱䘏各賑賜之若或孝子貞婦殊行異操之人皆以狀條

瘼 謨洛反 病也

紓 式居反 緩也或作舒

【第九紙】

或孝子貞婦殊行異操之人皆以狀條
列當有以甄明其節夫肥遁窮谷之賢
泊泥揚波之士雖抗志於玄霄之表潛
黙於幽岫之裏貪屈高尚之道以隆協
讚之美使惠風流於天下膏澤被於方
物孰與獨足山水栖遅丘壑殉匹夫之
潔而忘兼濟之大古人不借賢於曩代
朕所以寤想於今日内外百官剖符親
民各勤所司使善無不達悪無不聞退

民各勤所司使善無不達惡無不聞退
貪自公平情以道令詩人無素飡之刺
而吾獲虛心之求豈不善哉其各宣構
知朕意焉

武元楊皇后弘農華陰人也初賈充妻
郭氏使賂后求以女為太子妃無
有遺賂及議太子婚世祖欲娶衛瓘女
后苦譽賈庶人淑德又密使太子太傅
荀顗進言上乃聽之遂成婚惠賈庶人

荀顗進言上乃聽之遂成婚惠賈庶人
名南風平陽人也爲太子妃性妬忌嘗
手殺數人或以戟擲孕妾子乃墮地惠
帝即位爲皇后忌誅三楊逆誣太后矯
害二公荒淫放恣與太醫程據等亂彰
于內外詐有身爲産養妹韓壽兒遂謀
廢太子以所養代立專爲姦誣害太子
衆惡彰著永康元年爲趙王倫所廢賜
死

苑

琅耶王伷字子將宣帝第五子受詔征吳孫晧請降進拜太將軍伷既戚屬尊重加有平吳之功而克己恭儉無矜滿之色綂御文武各得其用百姓悅仰咸懷惠化

扶風王駿字子臧宣帝第七子也年五六歲能書畫誦詠詩賦秉德清貞宗室之中最為儁茂遷鎮西大將軍都督雍

之中最爲儁茂遷鎮西大將軍都督雍
梁諸軍事大興佃農入朝薨西土氓黎
思慕悲哭涕泣成路更樹碑讚述德範
長老見碑者無不拜之其遺愛如此
齊王攸字大猷文帝第二子也力行敦
善甚有名譽爲侍中太子太傅獻箴於
皇太子每朝政大議悉心陳之且孝敬
忠肅至性過人太康三年爲大司馬都
督青州諸軍事薨子冏嗣字景治與趙

イ二十九

齊武閔王冏

イ云獻王攸之子也

督青州諸軍事蕤子冏嗣字景治與趙
王倫共廢賈后倫篡遷冏鎮東大將軍
開府儀同三司冏因民心怨望移檄天
下破倫帝反正殿拜大司馬加九錫輔
政大築第館使大匠營制與西宮等
後房施鍾懸前庭儛八佾沉于酒色不
入朝見坐拜百官符勑三臺選舉不均
惟寵親昵殿中御史桓豹奏事不先經
冏府即考竟之於是朝廷側目海內失

【第十一紙】

冏府即考竟之於是朝廷側目海内失望冏驕亂日甚終無悛志長沙王乂發兵攻冏府生禽冏斬於閶闔門諸黨屬皆夷三族

愍懷太子遹字熙祖惠帝長子也謝夫人所生少而聰慧惠帝即位立為皇太子年轉長大而不好學專與左右言戲不能尊嚴保傅敬押賓友賈后素忌太子有佳譽因此密勅諸黄門閹官媚諛

子有佳譽因此密勑諸黄門閹官媚諛
於太子曰殿下誠可及壯時極意狡獪
何爲恒自拘束毎見恚怒之際輒歎曰
殿下不知用威刑天下那得畏服也太
子於是諠譁濫豫或廢朝侍有過差之
聲洗馬江統等諫太子不能用賈后詐
稱上不和呼太子入朝后不見置別屋
中遣婢賜酒棗逼使飲盡仍貴謗書多
未成字稱詔令太子寫之累續催促辭

狡古卯反猾也又少
獪古邁反又文澮玉云狡也

【第十二紙】

頠 五罪牛睽二反

未成字稱詔令太子寫之累續催促辭
不眠着粗得迹使足成悖肆后以呈帝
〻即幸式乾殿召公卿入使黄門令董
猛以太子書及青紙詔曰遹書如此今賜
死徧示諸公主而莫敢有言者唯張華
裴頠證明太子議至日西不決后懼事
變乃表免太子為庶人於是送幽于許
昌宮賈后矯詔害太子趙王倫等廢后
於金墉城賜死冊復太子謚為愍懷

於金墉城賜死冊後太子謚爲慜懷
孚字叔達宣帝弟也魏甘露元年轉太
傅高貴公卒當時百官莫敢奔赴孚往
枕屍股號慟盡哀奏治主者會太后有
令使以庶人礼葬孚與羣公上表乞以
王礼葬之世祖受禪陳留王就金墉城
孚拜辭執王手涕泣歔欷不能自勝曰
臣死之日固太魏之純臣也臨終日有
魏貞士河內司馬孚不伊不周不夷不

魏貞士河内司馬孚不伊不周不夷不
恵立身行道終始若一遺令素棺單槨
斂以時服所給器物一不施用
（高密文獻王）泰字子舒宣帝弟馗之子也封爲隴西
王遷太尉爲人亷靜不近聲色身爲宰
輔食大國之租服飾儉素肴饍踈儉如
布衣寒士者事親恭謹居喪哀感謙虚
下人爲宗室儀表
劉寔字子真平原人也太祖初參相國

【第十三紙】

論合本傳

劉寔字子真平原人也太祖列叅相國
軍事寔以世俗進趣廉讓道缺乃著崇
讓論其辭曰古之聖王之治天下所以
貴讓者欲以出賢才息爭競也夫人情
莫不皆欲己之賢也故勸令讓賢以自
明也賢豈假讓不賢哉故讓道興賢能
之人不求自出矣至公之舉自立矣百
官具任爲百官之副亦豫具矣一官缺
擇衆官所讓最多者而用之審之道也

擢衆官所讓最多者而用之審之道也
在朝之士相讓於上草廬之人咸皆化
之推能讓賢之風從此生矣爲一國所
讓則一國士也天下所共推則天下士
也推讓之風行則賢與不肖灼然殊矣
此道之行在上者無所用其心因成清
議隨之而已故曰蕩〻堯之爲君莫之
能名又曰舜禹之有天下而不與焉賢
人相讓於大才之人恒在大官小人不

【第十四紙】

人相讓於大才之人恒在大官小人不爭於野天下無事矣以賢才治無事至治興矣已仰其成復何興焉故可以歌南風之詩彈五絃之琴也成此功者非有他崇讓之所致耳在之不務相讓久矣天下化之自魏代已來登進辟命之士及縣右職之吏臨見授敘雖自辭不能終莫肯讓有勝己者夫推讓之風息爭競之心生矣孔子曰上興讓則下不

爭競之心生矣孔子曰上興讓則下不爭明讓不興下必爭也推讓之道興賢能之人日見推興爭競之心生賢能之人日見謗毀夫爭者之欲自先甚惡能者之先不能不毀也孔墨不能免世之謗己況不及孔墨者乎議者僉言世少高名之才朝廷有大才之人可以爲大官者山澤人小官吏亦復云朝廷之士雖有大臣名德皆不及往時人也余以

雖有大臣名德皆不及往時人也余以
爲此二言皆失之矣非時獨乏賢也時
不貴讓一人有先衆之譽毀必隨之名
不得成使之然也雖令稷契復存亦不
復能全其名矣能否渾雜優劣不分士
無素定之價官職有缺主選吏不知所
用但案官次而擧之同才之人先用者
非勢家之子則必爲有勢者之所念也
因先用之資而復遷〻之〻無已不勝

【第十五紙】

288 因先用之資而後遷々之々無已不勝
289 其任之病發矣所以見用不息者由讓
290 道廢也因資用人之有失久矣故自漢
291 魏以來時開大舉令衆官各舉所知唯
292 才所任不限皆次如此者甚數矣其所
293 舉必有當者不問時有擢用不知何誰
294 最賢故也所舉必有不當而罪不加不
295 知何誰最不肖故也所以不可得知由
296 當時之莫肯相推賢愚之名不別令其

當時之莫肯相推賢愚之名不別令其如此舉者知在上者察不能審故敢濫舉而進之或舉所賢因及所念一頓而至人數猥多各言所舉者賢加之高狀相似如一難得而分矣雖舉者不能盡忠之罪亦由上開聽察之路濫令其尒也昔齊王好聽竽聲必令三百人合吹而後聽之廩以數人之奉南郭先生不知吹竽者也以三百人合吹可以容其

知吹竽者也以三百人合吹可以容其
不知因請為王吹竽廩食數人之奉嗣
王覺而改之難歟先生之過乃下令曰
吾之好聞竽聲有甚於先生欲一一列
而聽之先生於此逃矣推賢之風不立
濫舉之法不改則南郭先生之徒盈於
朝矣才高守道之士日退馳走有勢之門
日多矣雖國有典刑弗能禁矣讓道不興
之弊非徒賢人在下位不得時進也國

【第十六紙】

之弊非徒賢人在下位不得時進也國之良臣荷重任者亦將以漸受罪退矣何以知其然也孔子以爲顔氏之子不貳過耳明非聖人皆有過矣寵貴之地欲之者多惡賢能者塞其路其過而毀之者亦多矣夫謗毀之生非徒空設必因人之微過而甚之者也毀謗之言數聞在上者雖欲弗納能不伏所聞因事之來而微察之也察之無已其驗至矣

之来而徵察之也嚓之無已其驗至矣
得其驗安得不治其罪若知而縱之主
之威日令之不行自此始矣知而皆治
之受罪退者稍多大臣有不自固之心
矣夫賢才不進貴臣日疎此有國者之
深憂也竊以為改此俗甚易矣何以知
之夫一時在官之人雖雜有凡猥之才
其中賢明者亦多矣豈可謂皆不知讓
賢為貴耶直以其時皆不讓習以成俗

賢爲貴耶直以其時皆不讓習以成俗故遂不爲耳人臣初除皆通表上聞名之謝章所由來尚矣原謝章之本意欲進賢能以謝國恩也昔舜以禹爲司空禹拜稽首讓于稷契及咎繇唐虞之時衆官初除莫不皆讓也謝章之義蓋取

【第十七紙】

於此也書記之者欲以示永世之則季世所用不賢不能讓賢虚謝見用恩而已相棄不變習俗之失也夫叙用之官

已相兼不變習俗之失也夫叙用之官通章表者其讓賢推能乃通其章其不能有所讓徒費簡絶者皆絶不通人臣初除各思推賢能而讓之矣讓文付主者掌之三司有缺擇三司所讓最多者而用之此爲一公缺三公已豫選之矣且主選之吏不必任公而選三公不如令三公自共選一公為詳也四征缺擇四征所讓最多者而用之此為一征缺

四征所讓最多者而用之此為一征歟
四征已豫選之矣必詳於停歟而令主
者選四征也尚書所讓最多者而用此
為令八尚書共選一尚書詳於臨歟令
主者選八尚書也郡守歟擇衆郡所讓
最多者而用之詳於者令選百郡守也
夫以衆官百郡之讓與主者共相比不
可同歲而論也賢愚皆讓百姓耳目盡
為國耳目夫人情爭則欲毀已所不如

【第十八紙】

爲國耳目夫人情爭則欲毀己所不如讓則競推勝於己故世爭則毀譽交錯優劣不分難得而讓也時讓則賢智顯出能否之美歴歴相次不可得亂也當此時也能退身脩己者讓之者多矣雖欲守貧賤不可得也馳騖進趣而欲人見讓循却行而求前也夫如是愚智咸知進身知進取求通非脩之於己則无由矣遊外求者於此相隨而歸矣浮

无由矣遊外求者於此相随而歸矣浮
聲虚論不禁而自息矣人无所用其心
任衆人之議而天下自治矣元康中遷司
空
閻纘字續伯巴西人也楊駿爲太傅以
纘補舍人出爲安復令駿既誅莫敢
收者纘聞之弃官免歸獨以家財人力
脩墓終成葬事遷殿中將軍以疾不拜
慜懷太子之廢纘輿棺詣闕上書理太

【第十九紙】

愍懷太子之廢續與棺詣闕上書理太
子之冤朝廷立太孫續復上疏陳令相
國雖已保傅東宮至於旦夕訓誨輔導
出入動靜劬勞宜選寒苦之士忠貞清
正老而不衰以為師傅其侍臣以下文
武將吏且勿復取嘁嘁豪門子弟魏文
帝之在東宮徐幹劉楨為友文學相接
之道使如氣類吳太子登顧譚為友諸
葛恪為賓卧因床帳行則參乘交如布

【第十九紙】

葛㑺為賓卧因床帳行則參乘交如布衣此則近代之明比也天子之子不患不富貴不患人不敬畏患於驕盈不聞其過不知稼穡之難艱耳至於甚者乃不知名六畜可不勉哉今不忍小相維持令至闕失頻相羅責不亦誤哉太孫幼沖選置兵衛宜得柱石之士如周昌者朝廷善其忠到擢為漢中太守

段灼字休然燉煌人也為鄧艾鎮西司

段灼字休然燉煌人也為鄧艾鎮西司馬徵拜議郎世祖即位灼上疏追理艾曰故征西将軍鄧艾誅以性剛急矜功伐善而不能協同朋類輕犯雅俗失君子之心故莫肯理之者臣敢昧死言艾不反之状艾本屯田掌犢民宣皇帝拔之於農吏之中顯之於宰府之職先帝委艾以廟勝成圖指授長策艾受命忘身前無堅敵軍不踰時而巴蜀蕩定艾功名已

【第二十紙】

堅敵軍不踰時而巴蜀蕩定艾功名已
成亦當書之竹素傳祚万世七十老公
後何所求哉艾以禪初降遠郡未附矯
令承制權安社稷雖違常科有合古義
原心定罪事可詳論鍾會有吞天下之
心恐艾威名知必不同因其疑似構成
其事夫反非小事若懷惡心即當謀及
豪傑然後乃能興動大衆不聞艾有腹
心一人臨死口无惡言而獨受腹背之

心一人臨死口无惡言而獨受腹非之
誅豈不哀哉故見之者垂涕聞之者歎
息此賈誼所以忼慨於漢文天下之事
可爲痛哭者良有以也昔秦民憐白起
之無罪吴人傷子胥之冤酷皆爲之立
祠天下已人爲艾悼心痛恨亦由是也
謂可聽艾門生故吏收艾屍喪歸葬
以平蜀之功繼封其後使艾闔棺定謚
死無所恨赦冤魂於黄泉收信義於後

死無所恨旌寃魂於黃泉收信義於後世則天下徇名之士立功之臣必投湯火樂為陛下死矣世祖得表省覽甚嘉其意

虞悝長沙人也弟望字子都並有士掾閨門有孝悌之稱鄉黨有廉信之譽譙王承臨湘王敦作逆遣使招承承不應與甘卓相結起義赴都承於是命悝為長史望為司馬敦遣魏乂等攻戰轉急

【第二十一紙】

長史望為司馬敦遣魏乂等攻戰轉急
望臨陳授首埋為魏乂所害臨刑鄉人
送以百數與相酬酢意氣周洽有如平
日子弟號泣埋謂曰人生有死闔門為
義鬼亦何恨哉及敦被誅詔書追述埋
望忠勳贈埋襄陽太守望滎陽太守遣
謁者至墓弔祭刑法志侍中臣顧言夫
殺生賞罰治亂所由興也人主所謂宜
生或不可生則人臣當陳所以宜殺人

劉頌表志中有之

生或不可生則人臣當陳所以宜殺人
主所謂宜賞或應賞則人臣當陳所以
宜罰然後治道耳古之聖賢欲上盡理
務下收損益莫不深閑慎密以延良謨
比廣内外成知主如此然後乃展布腹
心竭其忠誠耳廷尉劉頌表曰臣昔上
行肉刑從來積年遂寢不論臣竊以爲
議者拘孝文之小仁而輕違聖王之典
刑未詳之甚莫過於此今死刑重故非

【第二十二紙】

刑未詳之甚莫過於此今死刑重故殺
命者衆生刑輕故罪不禁姦所以然者
肉刑不用之所致也今爲徒者類性元
惡不軌之族也去家懸遠無衣食之資
飢寒切身志不聊生廉士分節者則背
爲盜賊豈況本性姦凶無賴之徒乎是
徒亡日屬賊盜日繁得輒加刑日益一
歲此爲終身之徒也自顧反良無期而
交困逼身其志無惠盜勢不得息事使

交困逼身其志無憲盜勢不得息事使
之然也古者刑以上刑令反於此以刑
生刑以徒生徒諸重犯亡者髮過三寸
輒重髡之此以刑生刑加作一歲此以
徒生也徒亡者積多繫獄猥蓄議者因
曰不可不赦復從而赦之此為刑不勝
罪法不勝姦下知法之不勝相聚而謀
為不軌月累而歲不同故自頃以來姦
惡淩暴所在充斥漸以滋漫議者不深

惡淺暴所在死斥漸以滋漫議者不深思此故曰肉刑於名忤聽孰與盜賊不禁聖王之制肉刑遠有深理其事可得而言非徒心懲其畏剝割之痛而不為也去其為惡之具使夫姦人無用復肆其志上姦絕本理之盡也亡者刖其足無所用復亡盜者截其手無所用復盜淫者割其勢理亦如之除惡塞源莫善於此今宜取死刑之限重生刑之

【第二十三紙】

尊善於此今宜取死刑之限重生刑之
限輕及三犯逃亡淫盗悉以肉刑
代之其應四五歳刑者皆髡笞使各有
差悉不復居作然後刑不復生刑徒不
復生徒而殘體為戮終身作誡民見其
痛畏而不犯必數倍於今豈與全其為
姦之手足而蹴居必死之窮地同哉
而獨曰刑不可用竊以為不識務之甚
河東衛展爲晋王大理上書曰志
也衛展字道野河東人也遷大理上書

也衛展字道野河東人也遷大理上書（河東衛展爲晉王大理上書曰志）曰今施行詔書有考子正父死刑或鞭父母問子所在近主者所稱庚寅詔書舉家逃亡家長斬若長是逃亡之主斬之斬之雖重猶可也設子孫犯事將考父父祖逃〻亡〻是子孫而父祖嬰其酷傷順破教如此者衆相隱之道離則君臣之義廢君臣之義廢則犯上之姧生矣秦網密文峻漢興掃除煩苛風移

生矣秦網密文峻漢興掃除煩苛風移俗易幾於刑厝大人革命不得不蕩其穢匿通其地滯今詔書宜除者多有便於當今著為正條則法差簡易中宗令曰自元康已來事故荐臻法禁滋漫大理所上宜朝堂會議蠲除詔書不可用者此孤所宜虛心者也轉廷尉又上言古者肉刑事經前聖愚謂宜復古施行中宗詔曰可內外通共議之於是驃

【第二十四紙】

行中宗詔曰可内外通共議之於是驃
騎將軍王導等議以宍刑之典由來尚
矣肇自古先以及三代聖哲明王所未
曾改班固深論其事以爲外有輕刑之
名内實殺人輕重失當故刑政不中也
且原先王之造刑名也非以過怒也非
以殘民也所以救姦所以當罪也今盗
者竊人之財淫者好人之色亡者避叛
之役皆無殺害也刖之以刑〻之則上

刖 五厥反 又五刮反

刖 五厥反 又五刮反

斬足也

之役皆無赦害也刖之以刑〻之則上
而加之斬戮〻過其罪死不可生縱虐
於此歲以巨計此乃仁人君子所不忍
聞而況行之於政乎若乃惑其名而不
練其實惡其生而趣其死此畏求投舟
避坎蹈井愚夫之不若何取於政哉

百官志

今書職官志云

職官志幷李重傳无此等文

中書郎李重以為等級繁多在職不得
久又外選輕而內官重以使風俗大弊

495

傳十六

李重字茂曾江夏人也再遷中書郎每大事

及疑議輒參以經典處決多皆施行

【第二十五紙】

職官志并李重傳无此等文

之又外選輕而內官重以使風俗大弊宜釐改重外選簡階級使官人議曰古之聖王建官垂制所以體國經治而功在簡易自帝王而下世有增損爵命九官周分六職秦采古制漢仍秦舊倚丞相任九卿雖置五曹尚書令僕射之職如於掌封奏以宣外內事任尚書輕而郡守牧民之官重故漢宣稱所與爲治唯良二千石其有殊政者或賜爵進秩

唯良二千石其有殊政者或賜爵進秩
諒為治大體所以遠蹤三代也及至東
京尚書雖漸優顯然令僕出為郡守便
入為三公虞延第五倫桓虞鮑昱是也（由鞠反日明也）
近自魏朝名守杜畿滿寵田豫胡質等
居郡十餘廿年或秩中二千石假節循
不去郡此亦古人苟善其事雖沒世不
徙官之義也漢魏以來內官之貴於今
最隆而百官等級遂多遷補轉徙如流

冣隆而百官等級遂多遷補轉徙如流
能不以著黜陟不得鄣此爲治之大弊
也夫階級繁多而望官久官不久而望
治功成不可得也虞書云三考黜陟幽
明周官三年大計郡吏之治而行其誅
賞漢法官人或不直秩魏初用輕資亦
先試守不稱継以左遷然則儁才登進
無能降退此則所謂有知必試而使人
以器者也臣以爲今宜大并群官等級

【第二十六紙】

裴頠傳無此文

以罷者也臣以為今宜大并群官等級使同班者不得復稍遷又簡法外議罪之制明試守左遷之例則官人理書士必量能而受爵矣居職者自久則政績可考人心自定務求諸己矣裴頠以万機庶政宜委宰輔詔命不應數改乃上疏曰臣聞古之聖指深原治道以為經理郡務非一才之任照練萬機非一智所達故設官建職制其分〻局〻既則

【第二十六紙】

524

晉書　傳五　曰裴頠字逸民弘雅有遠識博學稽古
又曰頠通博多聞兼明醫術又曰時人謂頠為言談之
林藪

防曰君子

所達故設官建職制其分〻局〻既則軌體有斷事務不積則其任易處選賢舉善以守其位委任責成立相干之禁侵官爲曹離局陷斷猜懼此法未足制情以義明防曰君子思不出位吏然故人知厥務各守其所下無越分之臣然後治道可隆頌聲能舉故稱堯舜於求賢逸於使能分業既辨居任得人無爲而治豈不宜哉及其失也官非其才人

而治豈不宜哉及其失也官非其才人不守分越位于胄競達所懷衆言紛錯莅職者不得自治其事非任者横干他分主聽眩莫知所信遂親細事躬自聽斷所綜遂密所告彌衆功无所歸非无所責羣下弃職得辭宜罸以此望治固其難也昔杜蕢既數師曠退而自罰以罸于職之非記稱其善陳平不知薄書之目漢史美其守職故不可多門則亡

之目漢史美其守職不可多門則已擾於今之宜選士既得其人但當委責若有不稱便加顯戮誰敢不盡心竭力不當便有干職之臣適不守局則所務必廢所務適廣則人心赴之人心適赴則得作威福臣所威福朝之蠹也惟惺長子房之謀者不宜使多外委群司畢力所職尊崇宰輔動靜咨度保任其負如此詔書必不復數改聽聞風言頗以

如此詔書必不復數改聽聞風言順以詔命數移易爲不安靜臣不勝任瞽敢陳愚懷乞陛下少垂省察

何曾字穎考陳國人也爲司隷校尉言於大祖曰公方以孝治天下而聽阮籍以重哀飲酒食肉於公坐宜擯四裔無令汙染華夏太祖曰此子羸病之故君不能爲身忍耶曾重引據辭理甚切朝廷憚焉泰始九年爲司徒以疲疾求退

【第二十八紙】

十四

迕悍焉泰始九年為司徒以疾病求退孫綏位至侍中潘滔譖之於太傅越遂被殺初曾告老時被召見侍坐終日世祖不論經國大事但說平生常語曾出每日將恐身不免亂能及嗣乎告其二子曰汝等猶可得沒指諸孫曰此輩必遇亂死也及綏死綏兄嵩曰我祖其神乎

第十名臣

羊祜字叔子泰山人也都督荊州諸軍

【第二十八紙】

565 566

曾

本傳曰初曾侍武帝宴退而告遵等曰國家應天

受禪吾每宴見未嘗聞經國遠圖唯說平生常

事非貽厥孫謀之兆也及身而已後嗣其殆乎此子孫

之憂也汝等猶可獲沒指諸孫曰此輩必遇亂亡也

及綏死嵩哭之曰我祖大聖乎

十四

第十名臣

羊祜字叔子泰山人也都督荊州諸軍事征南大將軍上疏平吳世祖深納之吳軍民前後至者不可勝數祜將入朝而有疾至洛陽遂薨南州而會聞喪舉帀悲號而罷於是傳哭接音色里相達百姓乃樹碑峴峯立廟祭祀行人望碑皆涕泗垂泣杜預代鎮名為墮淚碑吳滅詔曰祜違平吳之規其封祜夫人夏侯氏為萬歲鄉君邑五千戶絹萬匹吳

【第二十八紙】

左傳曰襄陽百姓於峴山祐平生游憩之所
建碑立廟歲時饗祭焉望其碑者莫不流
涕杜預因名爲墮淚碑

左傳曰南州人征市日聞祐喪莫不號慟
罷市巷哭者聲相接吳守邊將士亦爲之
泣其仁德所感若此

侯氏爲萬歲鄉君邑五千戶絹萬匹吳
平慶會群臣上壽世祖流涕曰此羊太
傅之功豈朕所能爲也
秦秀字玄良新興人也少以學行忠直
知名選補博士郡寧代吳詔以賈充爲
大都督秀性惡憎佞疾之如讎輕鄙賈
充聞其爲大統心所不平遂欲奨師及
充平議謚秀謚爲荒公初何曾平秀議
曰曾事親有色養之名在官奏治尹之

【第二十八紙】

582　583

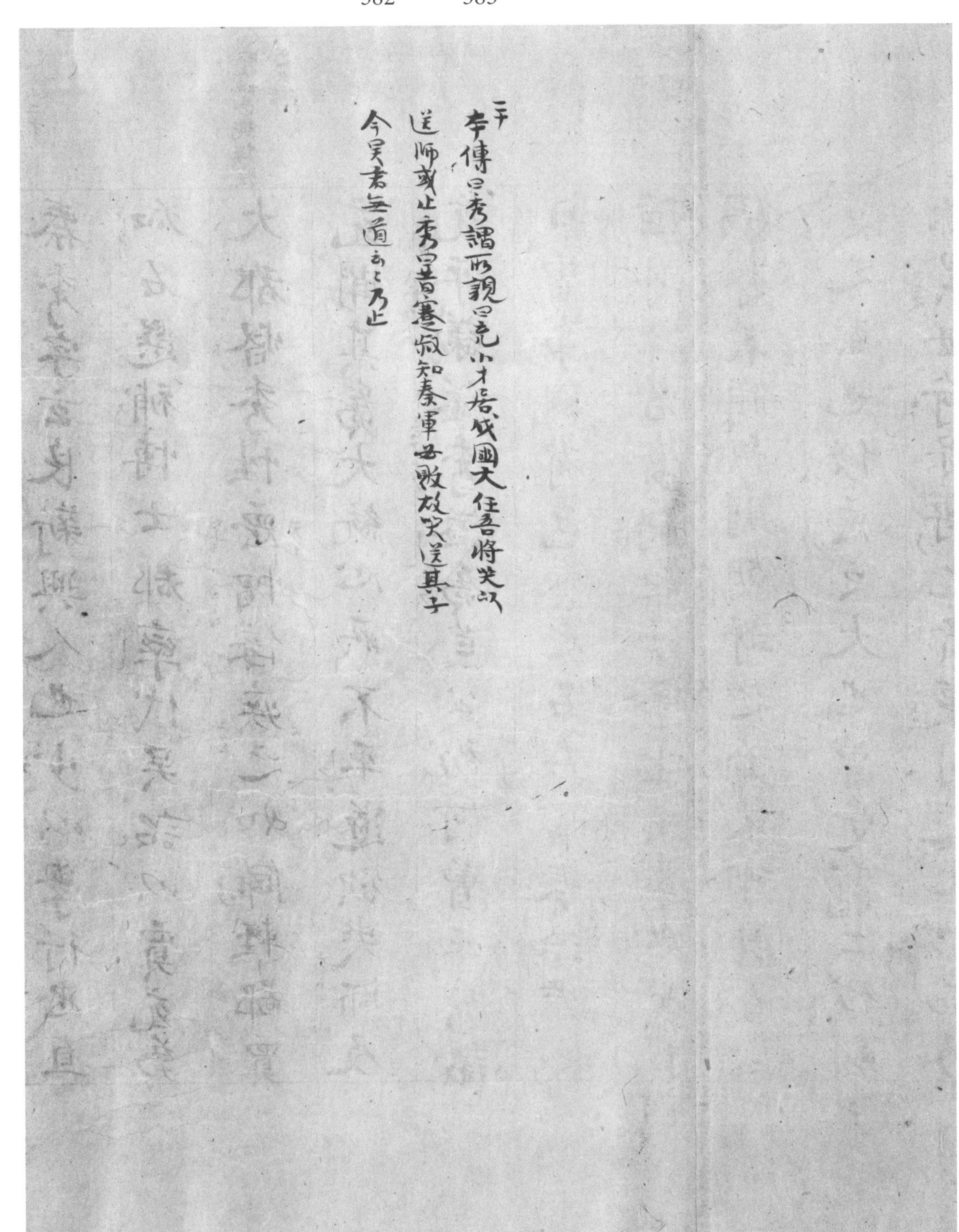

【第二十九紙】

曰曾事親有色養之名在官奏治尹之
横此三者實得臣子事上之槩然資性
驕奢不脩軌則朝野之論不可具言儉
悳之恭也侈惡之大也曾受寵二代顯
赫累世荷保傅之貴秉司徒之均而乃
驕奢之名被於九域有生之民咸怯其
行檅皇大之美弃羔羊之節示後生之
檄莫大於此若生極其情死又無貶是
則王公貴人復何畏哉請槩謚法名與

則王公貴人後何畏哉請槩謚法名與
實爽曰繆怙亂肆行曰醜曾宜為繆醜
公古人闔棺之日然後誅行不以前善
沒後惡也秀性忮直與物多忤為博士
前後垂廿年卒於官
李憙字季和上黨人也累辟三府不就
宣帝後辟為太傅屬固辭世宗輔政命
憙為大將軍從事中郎憙到引見謂憙
曰昔先公辟君而不應今孫命君而至

【第三十紙】

曰昔先公辟君而不薦令孫命君而至
何也對曰先公以礼見待憲得以礼進
退明公以法見繩憲畏法而至甚敬重
焉遷大常司隸校尉

群書治要巻第廿九

嘉元四年二月十八日以右大弁三位経雄

嘉元四年二月十八日以右大弁三位経雄
卿本書写點校了此書祖父越州之時
被終一部之功之處後年少々紛失之
仍書加之而已
従五位上行越後守平朝臣貞顕

本奥云
以二天書之點訖　藤　判　後國司也
合本紀傳少々直付之相違是多不似餘事
判　同上
所存點直了　文永八年十二月十五日

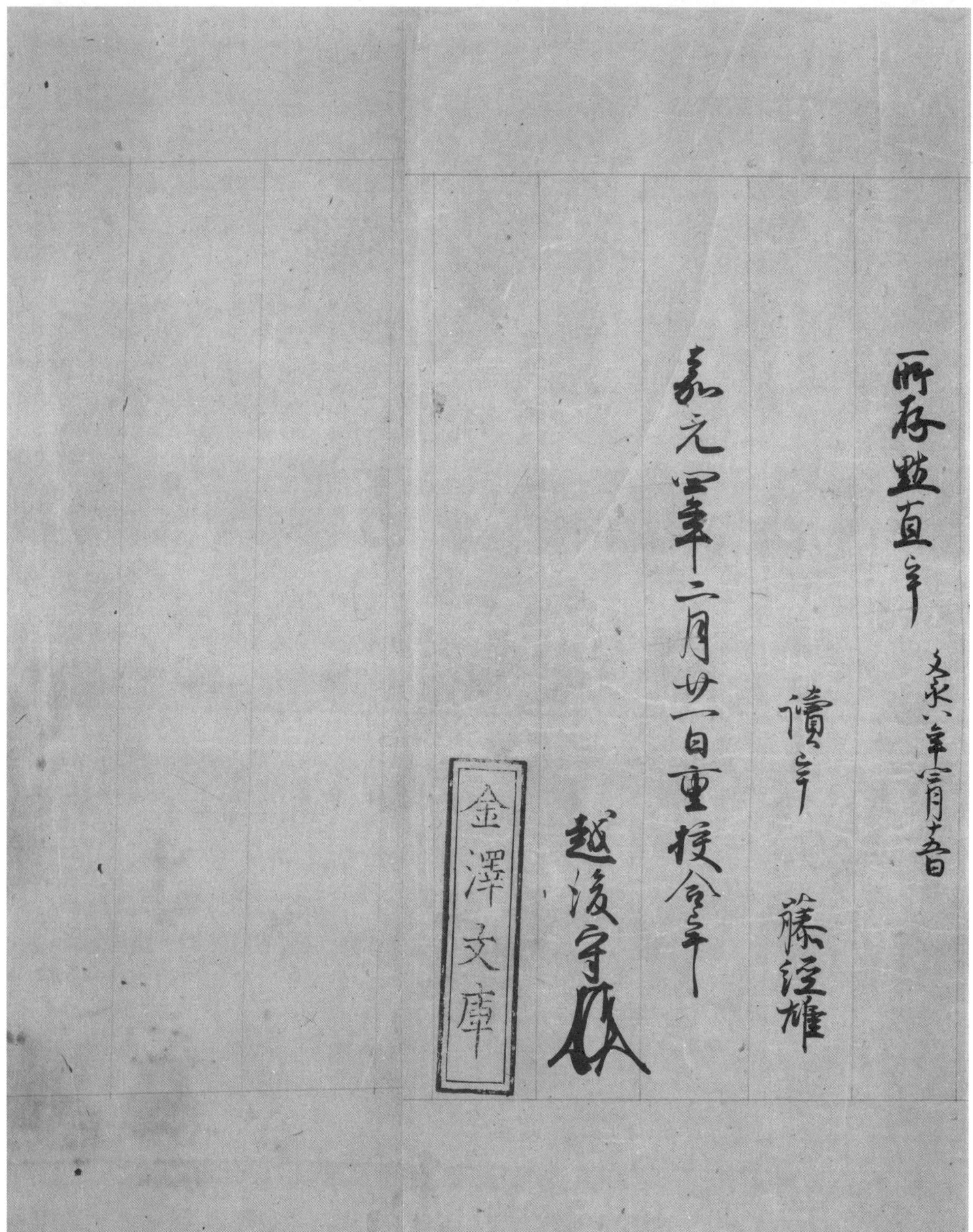

616 所存點直了　文永六年三月十四日

617 讀了　藤經雄

618 嘉元四年二月廿一日重校合了

619 越後守（花押）

群書治要　三十
群書治要第三十
圖書寮
117
48
特 3

群書治要卷第卅　秘書監鉅鹿男臣魏徵等奉　勅撰

晋書下

劉毅字仲雄東萊人世治身清高厲志
方直為司隷校尉皇太子鼓吹入東掖
門毅奏劾保傅以下詔曲赦然後得入
世祖問毅曰卿以吾可方漢何帝對曰
可方桓靈世祖曰吾雖德不及古人猶
克己為治又平呉會一月天下方之桓

克己爲治又平吳會一月天下方之桓

（桓靈賣官）靈其已甚乎對曰桓靈賣官錢入官庫

陛下賣官錢入私門以此言之乃欲不

（此注在傳文疏）如桓靈世習鑿齒陽秋曰毅荅已帝大咲曰桓靈之朝不聞此言今

有直臣故不同乎散騎常侍鄒湛進曰世說以陛下比漢文帝人心猶多不同

（頗牧 廉頗李牧）昔馮唐荅曰文帝曰不能用頗牧而文帝怒今劉毅言犯順而陛下樂以此相

校聖德乃過之也帝曰我平天下而不封禪焚雉頭裘行布衣礼今於小事而見（雉頭裘）

褒之重耶湛曰聖詔所及皆可豫先筭計以長短相推慕名者能力行爲之至

如何詔非明恕内充苞之德處不可爲也臣聞虎豹在田荷戈而出凡人能之

【第二紙】

如何詔非明怒內充苞之德慶不可為
也臣聞虎豹在田荷戈而出凡人能之
蜂蠆起於懷袖勇夫為之驚駭非虎豹
蜂蠆猛也倉卒出於意外故若臣有自
然之尊卑辭語有自然之逆順向劉毅
始言臣等莫不變色易容而仰視陛下
者陛下發不世之詔出思慮之外
臣之喜慶不宜乎之慶不宜乎
遷尚
書左僕射龍見武庫井中車駕親觀有
憙色於是外內議當賀毅獨表曰昔龍
降鄭時門人之外子產不賀龍降夏庭
卜藏其漦至周幽王禍釁乃發證據舊
典無賀龍之礼詔報曰政德未脩誠未

饕 カウ反 貪財也

餮 天結反 貪食也

典無賀龍之礼詔報曰政德未脩誠未
有以應受嘉祥省來示以爲懼然賀慶
之事宜詳依典義動靜數示世上疏陳
九品之弊曰臣聞治理者以官才爲本
官才有三難而興替之所由也人物難
知一也愛憎難防二也治僞難明三也
三者雖聖哲在上嚴刑督之猶不可治
故堯求俊人而得四凶三載考績而饕
餮得成使世主雖有上聖之明而无考

餮　丑結反　貪食也

黨　釋名曰五百家為黨〻〻長也一聚所尊黨也

餮得成使世主雖有上聖之明而无考
察之法授凡庸之才而去賞罰之勸則
為開姦豈徒四族側陋何聖於時哉今
立中正定九品高下任意榮辱決手操
人主之威福奪天朝之權柄愛憎決於
心情偽由於己公无考校之負私无告
訴之忌榮黨横越威福檀行用心百態
求者万端廉讓之風滅苟且之俗成天
下訩訩但爭九品不聞推讓流俗之過

【第三紙】

下訕但爭九品不聞推讓流俗之過
一至於此竊爲聖世恥之愚心之所非
者不可以一槩論輙條列其事夫名狀
以當才爲清品輩以得實爲平治亂之
要不可不允清平者治化之美枉濫者
亂賊之惡也不可不察然人才異能備
體者寡器有大小達有早晩是三仁殊
塗而同歸四子異行而鈞義陳平韓信
咲悔於邑里而收功於帝王屈原伍胥

子胥　史記子胥楚人名員々父伍奢員兄伍尚其先人伍挙以直諌事於庄王
顕名平王太子建使太奢為大傅王使無忌為太子取婦於秦々女好無忌勧王入
之王為太子取婦仍仕王讒太子々欲為乱王召太奢問之因太奢々曰致胥二子生
太奢胥不往殺太奢尚胥与太子奔呉々与楚争桑之隣耕於野平王呉王闔閭以
員謀国事胥為平王尸鞭之

屈原　史記々字正平与楚同姓也仕懐王為三閭大夫王甚珎之同列大夫上官靳尚妬其能讒
毀之王遂流放々原後遊江潭行吟澤畔漁父怪問何得至此原曰挙世皆濁我
獨清是以見放漁父曰聖人不凝滞於物何世推移原曰安以身察々受物之汶々
々歌曰滄浪之水清可以濯吾纓遂去不復与言

陳平　漢書陳平陽武戸牖人家貧好学張負有女孫五嫁夫皆死人莫敢娶平欲
娶之負傳平随至其家乃負郭窮巷以席為門然門外多長者車轍負
妻之勅負子仲不許負曰豈有美如陳平而久貧賎乎後為漢丞相

韓信　漢書韓信淮陰人也平時家貧至下郷釣有一漂母哀之将信帰乞与食留止数
十日信謂母曰吾重報母々曰吾哀王孫而進食豈望報乎後信為楚王都下郷
召漂母賜与百金

哭悔於邑里而収功於帝王屈原五胥

不容於人主而顯名於竹帛是篤論之

所明也今之中正不精才實務依黨利

不鉤稱尺務隨愛憎所欲擧者獲虚以

成譽所欲下者吹毛以求疵前鄙後脩

者則引古以病今古賢今病者則考虚

以覆過貿直者罪以違特阿容者善其

得和慶遠者責以小撿才近者美其令

俗齎量者以己為限高下逐強弱是非

阿容　菅家秘説　阿曲也近也　倚也尒雅大陵曰阿

【第三紙】

52

【第四紙】

貨賣也 賂遺也 金玉曰貨布帛曰賂

俗齊量者以已為限高下逐強弱是非
隨愛憎憑權附黨毀平從親隨世興衰
不顧才實衰則削下興則壯上一人之
身旬日異狀或以貨賂自通或以計協
登進附託必達守道困悴无報於身必
見割奪有私於已必得其欲淺弱黨
強以植後利是以上品无寒門下品无
勢族暨時有之皆曲有故慢主罔時實
為亂源昔在前聖之世欲敦風俗鎮靜

【第四紙】

63　64

又云君上之教謂之風廣谷大川人據（居）其間謂之俗

選東都賦云痛乎風俗之移人也

人有剛柔緩急音聲不同繫水土之風氣故

謂之風好悪取捨動静着欲謂之俗

為亂源昔在前聖之世欲敦風俗鎮靜
百姓隆鄉黨之義崇六親之行人道賢
否於是矣然鄉老書其善以獻天子司
馬論其能以官於職有司考績以明黜
陟故天下之人退而脩本州黨有德義
朝廷有公正天下大治浮華邪求无所
容厝一國之士多者千數或流徙異邦
或給役殊方面猶不識況其才力而中
正知與不知其當品狀采譽於臺府納

【第四紙】

72 尚書金縢〻云周公居東二年則罪人斯得其後公乃爲詩以貽王名曰〻〻

亦未敢誚公 注成王信流言而疑周公故公既誅三監而作詩 三監管蔡商也

71 解不以宜誅之意遺王〻猶未悟故欲讓公而未敢

成王信流言而疑周公 鴟鴞詩尚書注

績 則歴反 緝也 継也 事也 成也 功業也

正知興不知其當品狀采譽於臺府納
毀於流言任己則有不識之蔽受則有
彼此之編所知者以愛憎奪其平所不
知者以人事乱其度既无鄉老紀行之
譽非朝廷考績之課遂使進官之人棄
近求遠背本逐末位以求成不由行立
故狀无實事諧文浮飾品不挍功黨譽
虛妄上奪天朝考績之分下長浮華朋
黨凡官不同事人不同能得其能則成

【第五紙】

黨凡官不同事人不同能得其能則成
失其能則敗今品不狀才能之所宜而
以九等為例以品取人則非才能之所
長以狀取人則為本品之所限若狀得
其實猶品狀相妨所疏則削其長所親
則飾其短徒結白論以為虛譽以治風
俗狀无實行以宰官職則品不能料百
揆何以得理萬機何以得修雖職名中
正實為府事名九品而八損自魏立以

讎 市流反 匹也 仇也

正實姦府事名九品而八損自魏立以
来未見其德人之功而生讎薄之累愚
臣以爲宜罷中正除九品弃魏氏之弊
法更立一代之美制愚臣以爲便也

第十一名臣

張華字茂先范陽人也領中書令名重
一世朝野擬爲台輔而荀勖馮紞等深
忌疾之會世祖問華誰可付以後事者
對曰明德至親莫如齊王攸既非上意
所在微爲忤旨諂問得行以華都督幽

【第六紙】

彌　武移反　益也　長也　久也

縫　符容反　挾也

所在嶮萬悖旨詔問得行以華都督幽
州領護烏桓校尉於是遠夷賓服四境
无虞朝議欲徵入參相馮紞乾沒苦陷
以華有震主之名不可保必遂徵為太
常以小事免官世祖崩遷中書監加侍
中遂盡忠救匡彌縫補闕雖當闇主虐
后之朝猶使海內晏然遷司空阜介獨
立无所阿比趙王倫及孫秀等疾華如
讎倫秀譖華遂與裴頠俱被害朝野之

讎　市流反　匹也　仇也　敵也

【第五紙】

97

賓服未服已周孔鎮礼外五百里曰藩服
注曰衆未曰順寘未曰能
後漢書海内賓服恵及殊俗　尚書云重来賓服

讎倫秀釁起遂與裴頠俱被害朝野之士莫不悲酸

裴頠字逸民河東人世遷尚書左僕射侍中元康七年以陳准息匡韓蔚息嵩並侍東宮頠諫曰東宮之建以儲皇極其所與遊接必簡英儁宜用成德賢邵之才匡嵩幼弱未識人理立身之節東宮實體夙成之表而令有童子侍從之聲未是光闡遐風之弘理也頠深患時

闡 昌善反 大也 明也

尸祿 選用中詩曰愧無獻納尸素以甚 向曰尸祿素餐 而之尸謂不言善惡如尸也素謂質樸無理人之材

爾雅曰九夷八狄七戎六蠻謂之四海 又云東夷西戎南蠻北狄謂之四海

聲未是光闡遐風之弘理也頗深患時
俗放蕩不尊儒術魏朱以來轉更增甚
何晏阮籍素有高名於世口談浮虛不
遵礼法尸祿耽寵仕不事〻至王衍之
徒聲譽太盛位高勢重不以物務自嬰
遂相放風教陵遲頗著崇有論以釋其
蔽世雖知其言之益治而莫能革世朝
迂之士皆以遺事為高四海尚寧而有
識者知其將亂矣而夷狄遂淪中州者

【第七紙】

又云 東夷西戎南蛮北狄謂之四海

識者知其將亂矣而裔狄遂淪中州者
其礼久壬故也倫秀之興豈顛張華但
見害朝綱頽施遂近悼之
傅玄字休奕北地人也性對直果勁不
能容人之非世祖受禪加駙馬都尉與
皇甫陶俱掌直諫玄志在拾遺多所獻
替上疏曰前皇甫陶上事計民而置官
分民而授事陶之所上義合古制前春
樂平太守胄志上欲為博士置史卒與

樂平太守冑志上欲爲博士置吏卒此

字書一義也 儒論語曰夫學事文則儒洞身故謂久習者爲儒也君子所習者道々是君子儒也小人所習者詮々譯々是小人儒也

尊儒之一隅也主者奏寢之今志典千里臣等並受殊寵雜言辭不足以自申意在有益主者請寢多不施用臣恐草萊之士雖懷一善莫敢獻之矣詔曰凡開言於人主人臣之所至難而人主苦

慷慨 苦蓋反 傷也

不能虛心聽納自古忠臣直士所忼慨也其甚者至使杜口結舌每念於此未嘗不歎息也故前詔敢有直言勿有所

唯古　尚書命夔龍作納言注曰納言唯古云官也聽下言納於上叢上言宣於下必以信也

鼂　中橋反

嘗不歎息也故前詔敢有直言勿有所拒庶幾得以發蒙補過獲保高位唯古納言諸賢當深解此心務使下情必盡苟言偏善情在忠益不可責備於一人雖文辭有謬言語有失得皆當曠然恕之古人猶不拒誹謗況皆善意在可采録乎近者孔鼂綦毋龢皆案以輕慢之罪所以皆原欲使四海知區區之朝无諱言之忌也又每有陳事輙出付主主

【第八紙】

諱言之忌也。又每有陳事輒出付主〻
者〻衆事之本。故身而所處當多從深
刻。至乃云恩貸當由上出〻村外者寧
縱刻峻是信邪。故後因此喩意玄遷侍
中
任愷字元裒樂安人也。爲侍中。愷性忠
直以社稷爲己任。帝器而昵之。政事多
諮焉。愷惡賈充之爲人。不欲令久執政
每裁抑之。充病之。乃言次稱愷忠公局

數衆不可偏掌故立穆神以掌之

斥音尺 廣上篇 逐也 遠也

斥候 說文曰部行也

隟 去戰反 穿也 壁隙也 裂

每裁抑之充病之乃言次稱愷忠公局
正每宜在東宮使保護太子外假稱揚
內斥遠之世帝以為太子少傅而侍中
如故充計盡不行會吏部尚書缺好事
者為充謀曰令愷門下樞要得與上親
接宜啓令典選自然漸疏此一都令史
事耳且九流難精間隟易乘充即啓稱
愷才能宜在官人之職世祖不疑充挾
邪而以選官勢望唯賢是任即日用愷

【第九紙】

覲 音覲反 見也

禮曰天子有三朝一燕朝二治朝三外朝

野 說文曰郊外也 草者也

楷 苦駭反 模也 式也 法也 說文曰木也

邪而以選官勢望唯賢是任即日用愷之既在尚書侍覲轉希充與荀勖馮紞承閒譖閒免官愷受黜在家充毀閒得行世祖情遂漸薄然衆論明愷為人羣共舉愷為河南尹甚得朝野稱譽而賈充朋黨日夜求愷小過又諷有司奏愷免官被起為太常不得志遂以憂卒

裴楷字叔則河東人也為侍中世祖嘗問曰朕應天順民海內更始天下風聲何

曰朕應天順民海内更始天下風聲何
得何失對陛下受命四海承風所以未
比德於堯舜者賈充諸人猶在朝也夫
逆取而順守湯武是也今宜引天下賢人
與弘道不示之以私也
和嶠字長輿汝南人也世世遷侍中嶠見
東宮不令因侍坐曰皇太子有淳古之
風而季世多偽恐不了陛下家事世祖
默然後與荀勖同侍世祖曰太子近入

默然後與荀勗同侍世祖曰太子近入朝差長進卿可俱詣粗及世事既奉詔而還顗勗並稱皇太子明識弘雅誠如明詔嶠曰聖質如初耳帝不悅而起嶠以為國雖休明終必喪乱言及社稷未曾不以儲君為憂或以告賈妃妃銜之愍懐建宮宮嶠為太子少保太子朝西宮嶠從入賈后使惠帝問嶠曰卿昔謂我不了家事今日定云何嶠曰臣往事先

【第十紙】

不了家事今日定云何嵩曰臣往事先
曾有斯言〻之不效國之福也臣敢其
罪乎
郤詵字廣基濟陰人也舉賢良對策曰
臣竊觀乎古今而考其美惡古人相與
求賢今人相與求爵此風俗所以異流
也古之官人君責之於上臣舉之於下
得其人有賞失其人有罰安得不求賢
乎今之官者父兄營之親戚助之有

乎今之官者父兄營之親戚助之有
人事則通无人事則塞安得不求爵乎
賢苟求達在脩道窮在失義故静以
待之也爵苟可求得在進取失在後時
故動以要之也天地不縱頓為寒暑人
主亦不縱頓為治乱故寒暑漸於春秋
治乱趣於得失當今之世塞矣所謂貴
賢使之相舉也所謂開梁使之相保也
賢不擧則有咎保不信亦有罰則

賢不舉則有咎保不信亦有罰罰則
有司莫不悚也以求其才為令則不然
貪鄙竊位不知誰升之者虎兕出檻不
知誰可咎者雖聖思勞於夙夜所使為
政恒得此屬欲化美俗平亦俟河之清
耳爲左丞奏吏部尚書崔洪洪曰我舉
郄丞而還奏我此為挽弩自射說聞曰
昔趙宣子任韓厥為司馬厥以軍法戮
宣子僕諸大夫可賀我矣吾選厥也任

【第十一紙】

宣子謂諸大夫可賀我矣吾選廐世任其事崔爲國舉才我以才見舉唯官是視各明在公何故斯言乃至於此洪聞之懃服

荀勖字公曾潁陰人也爲中書監加侍中勖才學博覽有可觀採而性邪佞与賈充馮紞共相朋黨朝廷賢臣心不能悦任愷因機舉充鎭關中世祖即詔遣之勖謂紞曰賈公遠放吾等失勢太子

之勗謂紞曰賈公遠放吾等失勢太子
婚尚未定若使充女為妃則不營留而
自停矣勗與紞伺世祖閒並稱充女淑
令風姿絕世若納東宮必能輔佐君子
有關雎后妃之德遂成婚焉
馮紞字少胄安平人也稍遷左衛將軍
承顏悅色寵愛日隆賈充荀勗並與之
親善世祖詔治金墉廢賈妃已定紞與
勗乾沒救請故得不廢轉侍中世祖篤

【第十二紙】

勖乾没救請故得不廢轉侍中世祖篤
病得愈紞與勖乃言於世祖曰陛下前
者病若不差太子其廢矣齊王為百姓
所歸公卿所仰雖欲高讓其得免乎宜
遣還藩以安社稷世祖納之初謀伐吳
紞與充勖共苦諫世祖不納斷從張華
吳平紞內懷慙懼疾華如讎及華外鎮
威德太著朝論當徵為中書令紞從容
侍帝論晉魏故事曰臣常謂鍾會之

侍帝論晉魏故事曰臣帝謂鍾會之
反頗由太祖帝勃然曰何言邪紞曰臣
以為夫善御者必識六轡盈縮之勢善
治者必審官方控帶之宜是故漢高八
王以寵過夷滅光武諸將以抑損克終
非上之人有仁暴之異在下者有愚智
之殊蓋抑楊與奪使之然耳鍾會才見
有限而太祖獎誘太過嘉其謀猷盛其
名位授以重勢故會自謂筭无遺策功

名位授以重勢故會自謂策无遺策功
在不賞張利害遂構凶逆耳向令太祖
録其小能節以大礼抑之權勢納之以
軌度則逆心无由而生乱事无階而成
世祖曰然愚臣之言宜慎堅冰之道无
令如會之徒復致覆喪世祖曰當今豈
有會乎統曰陛下謀謨之臣著大功於
天下四海莫不聞知據方鎮總戎馬之
任者皆在陛下聖内矣世祖黙然徼張

【第十三紙】

任者皆在陛下聖内矣世祖默然徵張華爲太常尋免華官

劉頌字子雅廣陵人也除淮南相上疏曰臣竊惟万載之事理在二端天下大器一安難傾一傾難正故慮經後世者必精目下之治〻〻安遺業使數世賴之若乃豈遠諸侯而樹藩屏深根固蔕則祚延无窮可以比跡三代如或當身之治遺風餘烈不及後嗣雖樹親戚而成

史記曰[illegible]國之枝葉也 後漢書注強幹弱枝

樹 論語曰邦君樹塞門 疏曰樹塞門謂立屏以障隔門外別外内也 諸侯於門立屏樹塞門也

治遺風餘烈不及後嗣雖樹親戚而成
國之制不逮使夫後世獨任智力以安
大業若未盡其理雖經異時憂責猶追
在陛下將如之何願陛下善當今之治
樹不拔勢則天下无遺憂矣夫聖明不
世及後嗣不必賢此天理之常也故善
為天下者任勢而不任人任勢者諸侯
是也任人者郡縣是也郡縣之治小察
理而大勢危諸侯效民近多遠而慮遠

【第十四紙】

理而大勢危諸侯放民逆多遠而慮遠
固聖王惟終始之弊權輕重之理苞彼
小遠以據大安然後足以藩固內外維
鎮九服夫武王聖主也成王賢嗣也然
武王不恃成王之賢而廣封建者慮經
无窮也且善言今者必有以驗之於古
唐虞以前書文殘缺其事難詳至於三
代則並建明德及舉王之顯親開國承
家以藩屏帝室延祚久長近者五六百

【第十四紙】

藩屏 諸侯見上

舛 昌兗反 剌也 說文曰對卧從夕牛相背 謬也

家以藩屏帝室延祚久長近者五六百歲遠者延將千載逮至秦氏罷侯置守子弟不分尺土孤立无輔二世而亡漢兼周秦之後雜而用之前後二代各二百餘年揆其封建雖制度舛錯不盡事中然跡其衰亡恒在同姓失職諸侯微時不在强盛也昔呂氏作亂章賴齊代之援以寧社稷七國叛逆梁王捍之卒弭其難自是之後威權削奪諸侯亦食

弭其難自是之後威權削奪諸侯亦食
祖俸甚者至乘牛車是以王莽得擅本
朝遂其姦謀蕩天下毒流生靈光武紹
起雖封樹子弟而不建成國之制祚亦
不延魏氏承之圈閉親戚幽囚子弟是
以神器速傾大命移在陛下長短之應
禍福之徵可見於此矣然則建邦苟盡
其理則无向不可故曰為社稷計莫若
建國夫邪正逆順者人心之所繫服也

【第十五紙】

逮國夫邪正逆順者人心之所繫脈也
今之建置審量事勢使君樂其國臣榮
其朝各流福祚傳之无窮上下一心愛
國如家視人如子然後能保荷天祿兼
翼王室今諸王裂土皆兼於古之諸侯
而君賤其爵臣恥其位莫有安志其故
何也法同郡縣无成國之制故也今之
建置使率由舊章一如古典然人心繫
常不累十年好惡未改情願未移臣之

縣ノ名自此始也　黃漢之襄古之

天府　文選西都賦達金城之万雉　漢書張良勸漢高祖曰夫秦塞地四塞沃野此金城千里天府之國也

常不累十年好惡未改情願未移臣之
愚慮以為宜早創大制遲迴人望猶在
十年之外然後能令君臣各安其位榮
其所蒙上下相持用成藩輔如今之為
適足以虧天府之藏徒弃穀帛之資无
補鎮固衛土之勢也古者封建既定各
有其國後雖王之子孫无復尺土此今
事之必不行者也若推親疏轉有所廢
以有所樹則是郡縣之為非建國之制

器 去冀反 器皿又㭊ー 史記曰竃作竹器 於壽反 械 胡介反 器ー又 杻ー

以有所樹則是郡縣之爲非建國之制也今宜豫開此地使親疏遠近不錯其制然後可以永安然於古典所應有者悉立其制非急可須漸而備之不得頓設也須車甲器械既具其群臣乃服綵章倉廩已實乃營宮室百姓已足乃備官司境內充實乃作禮樂唯宗廟社稷則先建之至境內之政官人用才自非內史國相命於天子其餘衆職及死生

【第十六紙】

内史國相命於天子其餘衆職及死生
之斷穀帛資實慶賞刑威非封爵者悉
得專之國之建傳長享其國與王者並
遠者延將千載近者猶數百年漢之諸
王傳祚曁至曾玄人性不甚相遠古今
一揆而短長甚遠故何邪立意本殊而
制不同故也周之封建使國重於君公
侯之身輕於社稷故无道之君不免誅
放孰興滅繼絶之義故國祚不泯不免

祚 福也 禄也 位也 作誤欠

放孰興滅繼絶之義故國祚不泯不免
誅放則群后思懼胤嗣必繼是无亡國
也諸侯思懼然後軌道下无亡國天子
棄之理勢自安此周室所以長存也漢
之樹置君國輕重不殊故諸王失度陷

罪 詩曰天罪无辜 罪辜也 舍代反

於罪戮國遂以亡不崇興滅繼絶之序
故下无固國天子居上勢孤无輔故姦
臣擅朝易傾大業今宜反漢之弊脩周
舊跡國君雖或失道陷於誅絶又无子

【第十七紙】

舊跡國君雖或失道陥於誅絶又无子
應除苟有始封支胤不問遠近必紹其
祚若无遺類則虛建之須皇子生以繼
其統然後建國无滅又班固稱諸侯失
國亦由網密今又宜都寛其撿其建侯
之理本經盛衰裹慮開強弱則天下同忩
并力誅之大制都邑班之群后著誓丹
青書之玉版藏之金匱置諸宗廟在有
司宜弱小國猶不可危豈況万乘之主

閭 於居反 里門 五里家也
閻 余占反 巷也 里中門也
局 其玉反 字作局 遇ノ 宋韵不有也

司宜弱小國猶不可危豈況万乘之主
承難頃之邦而加其上則自然永久故
臣願陛下置天下於自安之地寄大業
於固成之勢則可以无遺憂矣今閻閭
少名士官司无高能其故何也清議不
肅人不立德行在取容故无名士下不
專局又无考課吏不竭節故无〻高〻
能〻則有疾世事少名士則後進无准
故臣思立吏課而肅清議也天下至大

故臣思立吏課而肅清議也天下至大
万事至衆人君至少同於天下故非垂
聽所得周覽是以聖王之治執要而已
委務於下而不以事自嬰也分職即定
无所與焉非憚日側之勤而牽於逸豫
之慮誠以治體宜然事勢致之也何則
夫造創謀始逆闇是非以賊否甚難察
也既以施行因其成則以分功罪甚易
識也易識在考終難察在造始故人君

【第十八紙】

造〻作 又七到反 昨早反　始 初也 詩止反　誣 武虞反 欺罔也

識也易識在考終難察在造始故人君恒居其易則治人臣不慮其難則乱令人主恒能居易執要以御其下然後人臣功罪形於成敗之徵至大无所逃其誅賞故罪不可蔽功〻不〻可〻誣〻則能者勸罪不可蔽則違慢自肅此為治之大略也天下至大非垂聽所周又精始難校考終易明令人主不委事仰成而與諸下共造事始則功罪難分能否

成而與諸下共造事始則功罪難分継否不別陛下縱未得盡仰成之理都委務於下至如今事應奏御者蠲除不急使要事得精可三分之二令親掌者受成於上上之所失不得復以罪下歲終事功不知所責也夫監司以法舉罪獄官案劾盡實法吏據辭守文大較雖同然至於施用監司與夫法獄體宜小異獄官唯實法吏唯文監司則欲舉大而略

礼記 朝大寝門外天子三朝一是燕朝在路寝門二是治朝則此門外三是外朝在庫門之外野部外已上看文

官唯賓法吏唯文監司則欲舉大而略小何則夫細過欲闕謬妄之夫此人情之所必有固所不犯之地而悉糾以法則朝野无立人此所謂欲治而反乱者也是以善為治者經舉而網踈經舉則所羅者廣網疏則小罪必漏所羅者廣則大罪不縱則甚泰必刑微過必漏則為政不苛甚泰必刑然後犯治必塞此為治之要也而自近世以来為監司者

【第十九紙】

爲治之要也而自近世以来爲監司者
類大綱不振而網〻甚〻密〻則微過
必舉微過人情所必有而不足以害治
舉之則微而益乱大綱不振則豪〻強
〻横〻肆〻則平民失職此錯所急而
倒所務之由也非徒无益於治體清議
乃由此益傷古人有言君子之過又曰
過而能改又曰不貳過凡此數者是賢
人君子不能无過之言也苟不至於害

人君子不能无過之言也苟不至於害
治則皆天網之所漏也所犯在甚泰然
後王誅所必加此舉罪淺深之大例也
故君子得全美以善事不善者必表識
警衆此爲治誅赦之準式也凡舉過彈
違將以肅風論而整世教今舉小過清
議益頽是以聖王深識人情而達治體
故其稱曰不以一眚掩大德又曰赦小
過舉賢才又曰无求備於一人故寬而

【第十九紙】

391　392

老子曰冕
正義冕旒垂目黈纊塞耳黈黄色黄綿之礼緯曰旒垂目纊塞耳
王者示不聽讒不視非也　詩云天子至頂
後漢書輿服志曰冕皆廣七寸長尺二寸前円後方表緑裏玄上前
垂四寸後垂三寸係白玉珠為十二旒以其綬采色為組纓郊天地
宗祀明堂則冠之

【第二十紙】

冕旒垂目黈纊塞耳

過舉賢才又曰无求備於一人故寬而
前旒充纊塞耳意在去苛察舉甚泰善
惡之報必取其先然後簡而不漏大罪
必誅法禁易全也今則當小罪甚察而
時不加治者明小罪非乱治之姦也容
治在犯尤而謹搜嶮過何異放兕虎於

鼠小獸名善爲盜說文曰穴虫之總名也

公路而禁鼠盗於隅隟時政所失少有
此類陛下宜反而求之乃得所務也
江統字應元陳留人也除華陰令時關

江統字應元陳留人也除華陰令時關
隴屢為氐羌所擾牧守淪沒黎庶塗炭
孟觀西討生禽齊萬年羣氐死散統深
惟四夷乱華宜杜其萌乃作徙戎論其
辭曰夫蠻夷戎狄謂之四海九服之制
地在要荒春秋之義內諸夏而外夷狄
以其言語不通法俗詭異咸居絕域之
外山河之表與中國壤斷土隔不相侵
涉賦役不及正朔不加其性氣貪婪凶

【第二十紙】

尚書曰夏以孟春月爲正　殷以季冬月爲正　周以仲冬月爲正

夏以平旦爲朔　殷以雞鳴爲朔　周以夜半爲朔

要荒　文選東京賦曰ﾞﾞ來賀　銑曰鎮服外東百里曰藩服ﾞﾞ外五百里曰綏服ﾞﾞ外五百里曰ﾞﾞﾞ外五百里曰荒服　此五服之君皆來朝留子以質之見尚書

東夷西戎南蠻北狄

後漢書東夷傳曰東方曰夷ﾞ者柢也　言仁而好生萬物柢地而出

夷有九種　又有畎夷

又曰西羌之中本出自三苗及子季歷遂伐西落鬼戎

又曰禮記曰南方曰蠻雕題交阯在唐虞曰之要服夏商之時

漸爲邊患逮周代強國　宣王中興後匈奴分破始有南北二庭

乃命方叔伐荊蠻詩人謌之蠻荊來威者也光武時武陵

蠻特盛　北方曰狄

後漢書武帝元鼎六年開冉人男敢立邑　汶山有六夷七羌九氐

渉賦役不及正朔不加其性氣貪婪凶
悍不仁四夷之中戎狄為甚弱則畏服
强則侵叛雖有賢聖之世大德之君咸
未能以道化率導而以恩德柔懐也當
其强也以殷之高宗而憊於鬼方有周
文王而患昆夷獫狁高祖困於白登孝
文軍於霸上及其弱也周公来九譯之
貢中宗納單于之朝以元成之微而猶
四夷賓服此其已然之效也故匈奴求

【第二十一紙】

四夷賓服此其已然之效也故匈奴求
守邊塞而侯應陳其不可單于屈膝未
咲望之議以不臣是以有道之君牧夷
狄也唯以待之有備禦之有常雖稽顙
執而贄邊城不施固守為寇賊强暴而
兵甲不加遠征期令境内獲安疆場不
侵而已及至周室失統諸侯專征以大
並小轉相殘滅封疆不固而利害異心
戎狄乘間得入中國或招誘安撫以為

【第二十紙】

後漢書匈奴傳醯落尸逐鞮單于比者呼韓邪單于之孫烏珠留若鞮單于之子也

其先夏后之苗裔也　單于匈奴王也

匈奴　後漢書匈奴傳曰南匈奴醯落尸逐鞮單于比者呼韓邪單于之孫烏珠留若鞮

單于之子也其先夏后之苗裔也　注云前書直云匈奴不言苗裔

中繒 三國也
義渠大荔戎 竅瞻也
瞞 眉亲反 平目也
綫 思箭反 可以縫衣也

戎狄棄間得入中國或招誘安撫以為
己用故申繒之禍顛覆宗周襄公要秦
遽興姜戎義渠大荔居秦晉之城陸渾
陰戎據伊洛之間搜瞞之屬侵入齊宋
陵虐邢衛南夷與北夷交侵中國不絕
若綫始皇之并天下也南兼百越北走
匈奴當時中國无復四夷矣漢興而都
長安宗周豐鎬之舊也及至莽之敗而
都荒殘百姓流亡建武中以馬援領隴

眉亲反 狄國名也

後漢書陸渾戎自依州遷于伊州

【第二十一紙】

義渠大荔　後漢書義渠大荔歲陰皆稱王　又云洛川有大荔之戎
注大荔古戎國及周貞定王八年滅之取其地秦時獲之改曰臨晉

申　後漢書東夷傳曰周公定東夷康王之時肅慎復至乃寧九夷以伐宗周
注左傳曰楚靈王會蔡侯陳侯後越鄭伯許男淮夷會于申　左傳哀曰羊盟　歛楚侯於申

繒　後漢書靈夷傳曰和帝永元十二年靈夷王屠繒等率種人十七万
歸義內屬詔賜金印紫綬

鄫　若世字欸　注法言國名在琅琊說文姒姓國在東海　春秋鄫子來朝
史記吳王夫差遂北伐齊敗齊師於艾陵也　齊記至繒　琅琊一縣也　若魯哀公嵗百牢　牢

【第二十二紙】

都荒毀百姓流亡建武中以馬援領隴
西太守討叛羌徙其餘種於關中居馮
翊河東空地而與齊民雜處數歲之後
族類蕃息既恃其肥強且苦漢民之侵
初之元騎都尉王弘使西域發調羌氐
以為行衛於是群羌奔駭互相扇動二
州之戎一時俱發覆沒將守屠破城邑
諸戎遂熾至於南入蜀漢東掠趙魏唐
突軹關侵及河內十年之中夷夏俱弊

【第二十二紙】

家輒開侵及河内十年之中夷夏俱弊此所以為害深重累年不定者雖由禦者之无方將非其才亦豈不以寇發心腹害起肘腋疾篤難療瘡大遲愈之故哉自此之後餘燼不盡小有際會輒復侵叛羅州之戎常為國患中世之寇唯此為大漢末之乱關中残滅魏興之初與蜀分隔疆場之戎一彼一此魏武皇帝遂徙武都之種於秦川欲以弱寇彊

帝遂徙武都之種於秦川欲以弱寇彊
國扞禦蜀虜此蓋權宜之計一時之勢
非所以保境安民万世之利也今者當
之已受其弊矣夫關中土沃物豐厥田
上々帝王之都未聞戎狄宜在此土也
非我族類其心必異戎狄志態不與華
同而因其衰弊遷之畿服吏民玩習侮
其輕弱使其怨恨之氣毒於骨髓至於
蕃育衆盛則生其衰心貪悍之性挾憤

【第二十三紙】

蕃育衆盛則生其叛心貪悍之性挾憤
怒之情候隙乘便輙爲横逆而居封域
之内无障塞之隔掩不備之民收散野
之積故能爲禍滋蔓暴害不測此必然
之勢已驗之事也當今之宜〻及兵威
衆事未罷徙馮翊北地新平安定界内
諸羌著先零罕开祈支之地徙扶風始
平京兆之氐出還隴右著陰平武都之
界各附本種反其舊土使屬國撫夷就

衆各附本種反其舊土使屬國撫夷就
安集之戎晉不雜並得其所上合往古
即叙之義下為盛世永已之規縱有猾
夏之心風塵之警則絶遠中國隔閡山
河雖為寇暴所害不廣是以充國子明
能以數万之衆制群羌之命有征无戰
全軍獨克雖有謀謨深計廟勝遠圖亦
豈不以華夷異處戎夏區別要塞易
守之故得成其功也哉難者曰方今關

守之故得成其功世哉難者曰方今關
中之禍暴兵二載征戍之勞老師十万
水旱之害荐飢累荒凶逆既戮悔惡初
附且歎且畏咸懷危懼百姓愁苦異人
同慮聖寧息之有期若枯旱之思雨露
誠宜鎮之以靜默而綏之以安豫而子
方欲作役起徒興功造事使疲悴之衆
徒自猜之寇以无穀之民遷有食之虜
恐勢盡力屈諸業不卒羌戎離散心不

【第二十四紙】

恐勢盡力屈諸葉不卒羌戎離散心不可一節交未及解而後變復横出矣吞曰羌戎狡猾傷害牧守連兵聚衆載離寒暑而今異類瓦解同種土崩若幼繫屬下然降散子以此等為尚挟資悔悪反善懐我德惠而來柔附乎將勢窮道盡智力俱困懼我兵誅以至於此乎曰有餘力勢窮道盡故也然則我雖制其短長之命而今其進退由己矣夫樂其

土崩 史記主於二世矣 下：：從又山壊之北勝之也ー山之 瓦解又主四帝ら 脱也散之從之 猶之住留え

短長之命而令其進退由己矣夫樂其
業者不易事安其居者无遷志其自疑
危懼畏怖促遽可制以兵威使之左右
无違也迨其死亡散流故可遷徙遠處
令之心不懷土也夫聖賢之謀事為之
於未有治之於未亂道不著而平德不
顯而成其次則能轉禍為福因敗為功
值困必濟遇否能通今子遺弊事之終
而不圖更制之始愛易轍之勤而備

【第二十五紙】

後漢書 傾輈繼路 賈誼曰前車之覆後車之誡也

擠 子諧子替二反排也陷也

種 之用反種類也

食 大戴礼曰食穀者智惠而巧 古史考曰古者茹毛飲血燧人鑽火而人始裹肉而燔

而不圖更制之始之愛易轍之勤而循
車覆之轍何哉且關中之民百餘万口
率其少多戎狄居半處之與遷必須口
實若有窮之故當傾關中之穀以全其
生〻之計必无擠於溝壑而不為侵掠
之害也今我遷之傳食而至附其種族
自使相贍而秦地之民得其半穀此為
濟行者以廩糧遺居者以種食寬關中
之逼去盜賊之原除旦夕之損建終年

者智慮而巧右
史考曰古者茹毛飲血燧人鑽火而人始裹肉而燔之而炮及神農時人方食穀加米于燒石之上而食之及黃帝時始有釜甑火食之道成

凍餒 優乃反
凍寒也
後漢書曰孫不免寒餒也
餓也

祢扶羅 晉書

之逼去盜賊之原除旦夕之損建終年
之益若憚暫之舉小勞而遺累世之寇
敵非所謂能開物成務創業垂統崇基
祐跡謀及子孫者并州之胡本實匈奴
桀惡之寇也漢宣之世凍餒殘破國內
五裂後合為二呼韓邪遂衰弱孤危不
能自存依阻塞下委質柔服建武中南
單于復求降屋祢扶羅值世喪亂遂乘
釁而作鹵掠趙魏寇至河南建安中又

【第二十五紙】

511 512

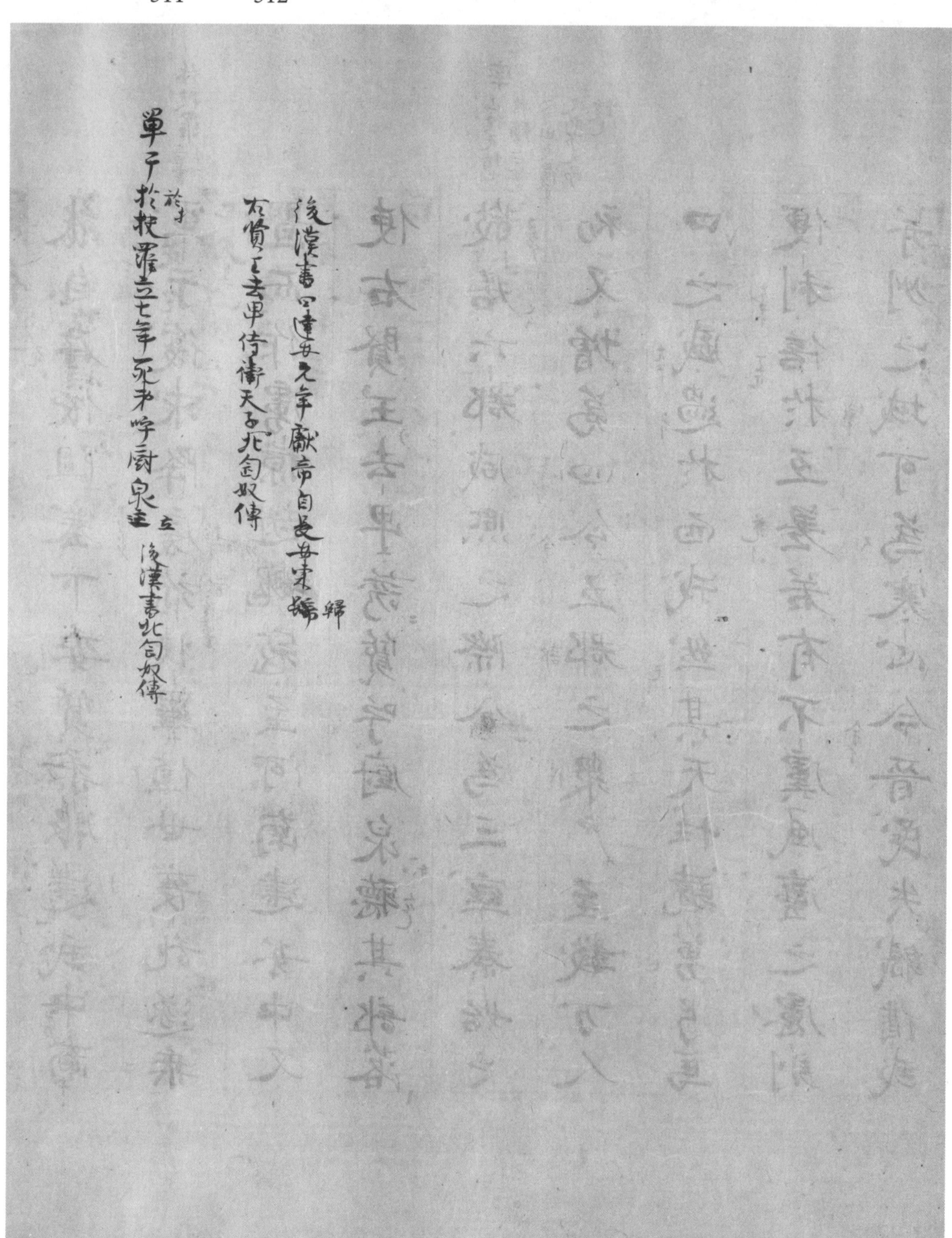

單于於扶羅立七年死弟呼廚泉立 後漢書北匈奴傳

後漢書曰建安元年獻帝自長安東歸 右賢王去卑侍衛天子北匈奴傳

疊而作虜掠趙魏寇至河南建安中又
使右賢王去卑誘質呼廚泉聽其部落
散居六郡咸熙之際分為三率泰始之
初又增為四令五郡之眾戶至數万人
口之盛過於西戎然其天性驍勇弓馬
便利倍於氐羌若有不虞風塵之慮則
并州之域可為寒心令晉民失職猶或
亡叛犬馬肥充則有噬齧況於夷狄能
不為變但顧其微弱勢力不陳耳夫為

【第二十六紙】

不爲憂但顧其微弱勢力不陳耳夫爲
邦者患不在貧而不鈞憂不在寡而不安
以四海之廣士民之富豈須夷右虜内
然後取足哉此等皆可申喻發遣還其
本域慰彼羈旅懷土之思釋我華夏纖
介之憂惠此中國以綏四方德施永世於
許爲長
陸機字士衡吳郡人也爲著作郎 孫盛陽秋
載機五等論曰夫體國經野先王所慎創制垂基思隆後業然而經略不同長

此注在本傳爲疏文

成畢也敗也善也是也又云自破曰敗又曰毀曰薄

遷文史記成敗未可知也

載。機五等論曰。夫體國營治。先王所慎。創制垂基。思隆後業。然而經略不同。長短異術。五等之制。始於黃唐。郡縣之治。創於秦漢。得失成敗。備在典謨。是以其詳可得而言。先王知帝業至重。天下至廣。廣不可以偏制。重不可以獨任。任重必於借力。制廣終乎因人。故設官分職。所以輕其任也。並建伍長。所以弘其制也。於是乎立其封疆之典。裁其親疏之宜。使萬國相維。以成盤石之固。宗庶雜居。以定維城之業。又有以見綏世之長樂。識人情之大方。知其為人不知其為以不知厚己利物。圖身安上。不知乎悅下為己。在乎利人。是以分天下厚樂。而己得與之同憂。饗天下以豐利。而己得與之共害。利博則恩篤。樂遠則憂深。故諸侯享食土之實。萬國受世及之祚矣。然則南面之君。各務其治。九服之民。知

九服 尚書侯服甸服綏服要服荒服 已上五服 東漸海西被流沙朔南訖于四海九服也又云諸侯服五百里侯服去王城千里

雄七 文選東京賦曰雄並爭競相高以大者爲雄 注曰雄韓魏燕趙齊楚秦也漢書五行志云秦及六國

諸侯享食土之實，万國受世及之祚。夫然則南面之君各務其治，九服之民知有定主。上之子愛於是乎生，下之禮信於是乎結。世治足以敦風，道衰足以禦暴。故強弱之國不能擅一時之勢，雄儁之民无所寄霸王之志。然後國安由万邦之思治，主尊賴群后之圖身。蓋三代所以直道，四王所以垂業也。故世及之制弊於七雄，昔者成湯親照夏后之鑒，公旦目涉商人之戒，文質相済，損益有物。然五等之礼不革于時，封畛之制有隆焉尓者，豈玩二王之禍而闇經世之筭乎。固知百世非可懸御，善制不能无弊，而侵弱之辱愈於殄祀，土崩之困痛於陵夷也。是以經始權其多福，慮終取其少禍，非所謂侯伯无可乱之符，郡縣非致治之基也。故國憂賴其輔佐，主弱憑於其翼載。及其衰微，積弊王室，遂卑猶保

神器　天位也　帝位也
東京賦曰巨猾間舋竊弄神器
老子曰天下神器不可為

踰溢　滿也　盈也

治之基也故國憂顧其轢位主弱憑於
其翼戴及其衰嵗積弊王室遂卑猶保
名位祚遺後嗣皇統幽而不輟神器否
而必存者豈非置勢使之然與降及亡
秦棄道任術懲周之失自矜其得尋斧
始於所庇制國昧於弱下國慶獨享其
利主憂莫與共害雖速亡趨亂不必一
道顛沛之釁實由孤立是蓋思五等之
小怨忘万國之大德知陵夷之可患闇
土崩之為痛也周之不競有自來矣國
乏令王十有餘世然片言勤王諸侯必
應一朝振矜遠國先叛故彊晉收其請
隧之圖暴楚頓其觀鼎之志豈劉項之
能闚閞睨廣之敢歸乎哉借使秦人因
循周制雖則无道有共興亡其覆滅之
禍豈在曩曰漢矯秦枉大啓王侯境土
踰溢不遵舊典故賈生憂其危晁錯痛
其亂是以諸侯阻其國家之富憑其士

【第二十七紙】

545

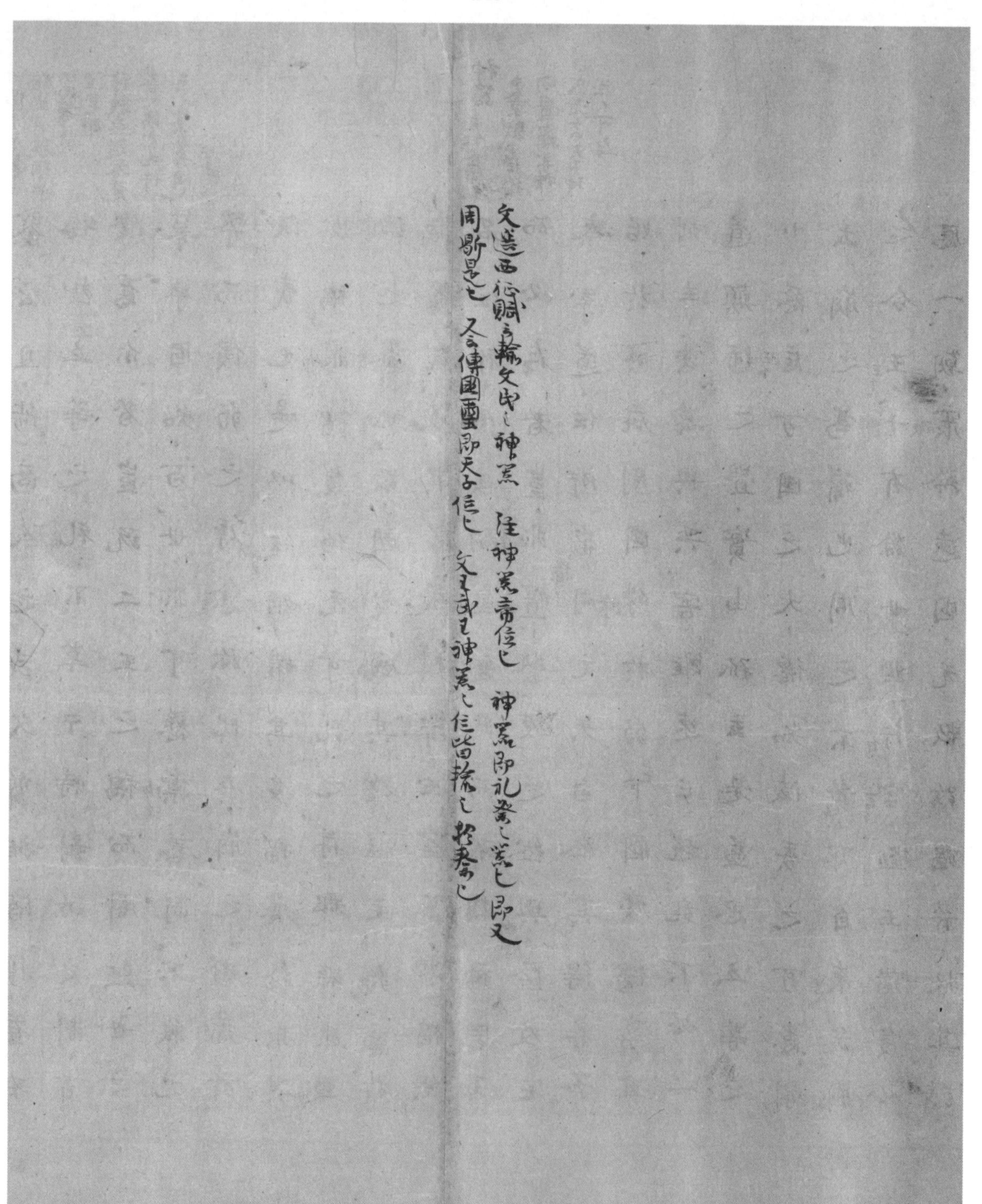

文選西征賦云輪文昭〻神器　注神器帝位也　神器即礼器〻器也即文周鼎是也　又今傳國璽即天子位也　文王武王神器〻位皆輪〻器也

踰濫　満也一也盈一　濫来質反

斲晩　古觔反　重門襲圍ト是防　注周易曰重門擊柝以待暴客也淮南子曰鼡門重襲以避柝　鐵

踰濫不遵舊典故賈生憂其危最錯痛其乱是以諸侯阻其國家之富憑其士民之力勢足者反疾主狭者逆遅六臣犯其弱綱七子衝其漏網皇祚夷於黥徒西京病於東帝是蓋過正之灾而非建侯之累也逮至中葉忘其失節割削宗子有名无實天下曠然後襲亡秦之軌矣是以五侯作威不忌万邦新都襲漢易於拾遺也光武中興纂隆皇統而猶遵覆車之遺轍養喪家之宿疾僅及數世姦究充斥卒有強臣專朝則天下風靡一夫縱横而城池自夷豈不危哉在周之衰難興王室放命者七臣干位者三子嗣王委其九鼎凶族據其天邑鉦鼙震於閫宇鋒鏑流乎絳闕然禍止畿甸害不覃及天下晏然以治待乱是以宣王興於共和襄恵振於晉鄭豈若二漢階闥暫擾而四海已沸孽臣朝入

【第二十八紙】

以宣王興於和共襄惠振於晉鄭豈若
二漢階闥暫擾而四海已沸孽臣朝入
而九服夕亂哉遠惟王莽篡逆之事近
覽董卓擅權之際億兆悼心愚智同痛
然周以之存漢以之亡夫何故哉豈世
之曩時之臣士無匡合之志歟蓋遠績
屈於時異雄心挫於卑勢耳故列士扼
腕終委寇讎之手忠臣變節以助虎國
之桀雖復時有鳩合同志以謀王室然
上非奧主下皆市人師旅無先定之班
君臣無相保之志是以義兵雲合無救
劫殺之禍民望未改而見大漢之滅矣
或以諸侯世位不必常全昏主暴君有
時比迹故五等所以多亂今之牧守皆
官方庸能雖或失之其得固多故郡縣
易以治夫德之休明黜日用長率連屬
咸述其職而淫昏之君無所容過何則
不治哉故先伐有以之興矣苟或衰淺

鳩 鳥也又聚也 居求反
師 在車
師旅 說文曰軍五百人曰旅
漢功臣表有旅 封呂平侯

【第二十七紙】

563　　564

師
毛詩正義曰多以軍爲正次以師爲名少以旅爲名師者衆中之言
周礼鄭玄注云春秋之兵雖累万之衆皆稱師詩六師謂六軍之師
惣言三文六師皆云六軍是爲六軍之意
白虎通曰五人爲伍五伍[伍]爲両四両爲卒五卒爲旅四旅爲師〻〻者
二千人也六師爲一軍〻〻万二千人也

咸述其職而淫謍之君无所容遇何則
不治哉故先代有以之興矣苟或衰淺
百慶自悖鸞官之吏以貨准才則貪殘
之萌皆群后也安在不亂之哉故後王
省以之癈矣且要而言之五等之君爲
己思治郡縣之長爲利圖物何以殊之
蓋企及進取仕子之常志脩己安民良
士之所希及吏進取之情銳安民之譽
遲是故侵百姓以利己者在位所不憚
損實事以養名者官長所夙夜也君无
卒歳之圖臣挾一時之志五等則不然
知國爲己土衆皆我民民安己受其利
國傷家嬰其痛故前人欲以垂後後嗣
思其堂構爲上无苟且之心群下知膠
固之義使其竝賢居治則功有厚薄而
兩愚處亂則過有深淺然則八代之制
幾可以一理貫秦漢之
典殆可以一言蔽也

郡縣
稽名曰縣縣〻
於郡也古作県
楚莊王滅陳爲
縣〻名自此始也
黃陳反

幾可以一理貫秦漢之典殆可以一言蔽也

胡威字伯武淮南人也父質字文德清

廉絜白質之為荊州刺史威也自京都

定省家貧每至客舍自放驢取樵既至

見父停廐中十餘日告歸臨別賜絹一

疋為道中資威跪曰大人清高不審於

何得此絹質曰是吾奉祿之餘故以為

汝糧耳威受之辭歸荊州帳下都督聞

威將去請假還家持資糧於路要威曰

【第二十八紙】

579

【第二十九紙】

杖　説文曰持也　皆杖也　直両反

威將去請假還家持資粮於路要威曰
與為伴毎事佐助又進飲食威疑而誘
問之既知乃取所賜絹與都督謝而遣
之後因他信以白質〻杖都督一百除
吏名父子清慎如此於是名譽著聞為
安豊大守徐州刺史政化大行後八朝
世祖因言次謂威曰卿清孰如父清對
曰臣不如也世祖曰以何為勝邪對曰
臣父清恐人知臣清恐人不知是臣不

臣父清恐人知臣清恐人不知是臣不
及遠也世祖以威言直而婉謹而順累
遷豫州刺史入為尚書
周顗字伯仁汝南人也為尚書左僕射
王敦作逆石頭既王師敗績顗奉詔往
詣敦曰伯仁卿負我顗曰公戎車犯順
下官親率六軍不能其事使王旅奔敗
以此負公敦憚其辭不知所荅左右文
武勸顗避敦曰吾備為大臣朝廷喪敗

【第三十紙】

武勸顗避敦曰吾備爲大臣朝廷喪破
寧可復草間求活投胡越者邪俄而被
收於石頭害之
陶侃字士行廬江人也爲荊州刺史政
刑清明惠施均洽故楚郢士女莫不相
慶剋接疎遠門无停客常語人曰大禹
聖者乃惜寸陰至於衆人當惜分陰豈
可生无益於時死无聞於後是自棄也
諸叅佐或以談戲廢事者乃命取蒱博

【第三十紙】

諸葛佐或以譏戲襃事者乃命取蒱博
具悉投之于江吏將則加鞭朴曰樗蒱
者牧猪奴戲耳老莊浮華非先王之法
言不可行也君子當正其衣冠攝其威
儀何有乱頭養望自謂宏達邪於是朝
野用命移風易俗
高崧字茂琰廣陵人也累轉侍中哀帝
雅好服食崧諫以為非萬乘所宜陛下
此事實是日月之一蝕也帝欲脩鴻寳

鴻寶　漢書有抗書鴻寶苑秘書方術書也

此事實是日月之一蝕也帝欲備鴻寶
礼崧又覆表諫事遂不行
第十一名臣
何充字次道廬江灊人也為護軍中書
似林反縣名也
令顯宗初崩充建議曰父子相傳先王
舊典忽妄改易懼非長計使氷等不從
故康帝遂立帝臨軒氷充侍坐帝曰朕
嗣洪業二君之力也對曰陛下龍飛臣
氷之力也若如臣議不覩升平之世康
帝崩奉遺旨便立孝宗加錄尚書事侍

【第三十一紙】

帝崩奉遺旨便立孝宗加録尚書事侍中臨朝正色以社稷為己任凡所選用皆以功臣為先不以私恩樹用親戚談者以此重之

吴隱之字處默濮陽人也早孤事母孝謹愛敬著於色養幾滅鄴於執喪居近韓康伯家康之母賢明婦人每聞隱之哭臨饌輟餐當織投杼為之悲泣如此終其喪謂伯白汝若得在官人之任當

終其喪謂伯白汝若得在官人之任當
舉如此之徒及伯爲吏部超選隱之遂
階清級爲龍驤將軍廣州刺史州之北
界有水名曰貪泉父老云飲此水者使
廉士變節隱之始踐境先至水所酌飲
之因賦詩曰古人云此水一歃懷千金
試使夷齊飲終當不易心在州清操踰
厲化被幽荒詔曰廣州刺史吳隱之孝
友過人祿均九族處可欲之地而能不

友過人，祿均九族，處可欲之地，而能不

改其操，饗惟錯之富，而家人不易其服，

草奢務嗇，南域改觀，朕有嘉焉。可進号

前將軍，賜錢五十万，穀千斛。

群書治要卷第卅

嘉元四年四月七日以右大弁三位

【第三十二紙】

嘉元四年四月七日以右大弁三位
経雄卿本書寫點校了
従五位上行越後守兼朝臣貞顕
本奥之
以御書之點記　在判
後園御判也
各合晋本之文相違所々直付之　判　同上
加要點了　判　同上
受了　藤経雄
嘉元四年四月廿七日重校合了
越後守（花押）

金澤文庫
越後守